'24年版

◆第２種衛生管理者最新

直近６回の出題傾向から主要な点についてまとめ

■関係法令

関係法令では、（１）衛生管理体制、（２）衛生委員会、（３）安全衛生教育、（４）健康診断全般、（５）衛生基準全般、（６）妊産婦の就業制限等が出題上位である。

（１）**衛生管理体制**では、**第２種衛生管理者、総括安全衛生管理者、産業医の職種・労働者数からみた選任数**を中心に出題される。使用労働者数別の衛生管理者選任数、専任は確実に覚えよう。また、「第２種」が担当できない職種で「**選任することができる**」とする、誤りの設問が出題されるので、この職種を合わせて押さえておきたい。

◆第２種では選任できない職種（過去に出題された主なもの）
①製造業、②医療業、③運送業、④清掃業

（２）**衛生委員会**では、開催回数、記録の保存、委員指名の対象者を覚えるのは基本だが、次の誤りの設問が頻繁に出題されているので頭に入れておこう。

◆誤りとしてよく出る設問
①衛生管理者は、**すべて**委員としなければならない。
②**議長**は、衛生管理者の**委員**から、事業者が**指名**しなければならない。
③議長を除く**全委員**は、労働組合等の推薦で指名しなければならない。

（３）**安全衛生教育**では、「作業手順」、「作業開始時の点検」について、業種ごとに省略可否を問われてきたが、令和６年４月１日からは原則として、すべての業種で省略できなくなることを押さえておく（それ以前は、「医療業」等「その他の業種」では省略可）。

（４）**健康診断全般**では、①「雇入れ時」では**省略できる項目はない**、②「定期」では、**血圧や尿検査**などは**省略不可**、③結果報告は50人以上「定期」に限る。

（５）**衛生基準全般**では、休養室等設置の「男女の人数」、屋内作業場の人数に対する気積の数字などが頻繁に問われる。

（６）**妊産婦の就業制限**では、近年は**育児時間**などが出題されている。妊娠中又は産後１年を経過しない女性が請求した場合には、**時間外労働・休日労働**をさせてはならないが、**管理監督者**には**適用されない**こと、**フレックスタイム制**には妊産婦に関する保護規制はなく、清算期間は３か月以内であること等を覚える。

■労働衛生■

（1）温熱環境、（2）採光・照明、（3）換気量は必須、（4）食中毒、（5）一次救命処置に加え、脳血管障害・虚血性心疾患、骨折なども押さえたい。

（1）**温熱環境**では、実効温度、相対湿度、至適温度、などの意義が問われる。

また、WBGT計算式の穴埋め問題では以下を覚える。

・**日射がある場合**：0.7湿球温度、0.2黒球温度、0.1乾球温度

・**日射のない場合**：0.7湿球温度、0.3黒球温度

（2）**採光・照明のポイント**は以下の点である。

①照度：**精密作業**300lx（ルクス）以上、普通作業150lx以上、粗な作業70lx以上である。

②全般照明：局部照明の１/10以上。

③部屋の彩色：**目の上**（壁・天井）は**明るく**、下は濁色にする。

（3）**換気量**では、必要換気量の計算式や在室人数を求める出題が多い。

「（**室内**）CO_2基準濃度（0.1%）、（**外気**）CO_2濃度（0.04%）」を押さえる。

（4）**食中毒**では、毒素型食中毒はボツリヌス菌（神経毒）、黄色ブドウ球菌（熱に強い）。感染型食中毒は、サルモネラ菌、腸炎ビブリオ菌（病原性好塩菌）が代表的。ノロウイルスの発生時期は冬季が多い。

（5）**一次救命処置の**ポイントは以下の点である。

①気道確保には、後頭部を下げ顎（あご）を上げる。

②胸骨圧迫30回に人工呼吸２回。

③胸骨圧迫は１分間に100 ～120回のペース。

④口対口人工呼吸の１回吹き込みは約１秒。

■労働生理■

（1）**呼吸**　呼吸運動、呼吸中枢は延髄の網様体にあり動脈血の二酸化炭素分圧により調節、肺のガス交換は外呼吸、細胞内の交換は内呼吸など整理しておこう。吸気は、胸郭内容積が増すと、その内容圧が低くなる。

（2）**感覚器系（眼・皮膚など）**　視細胞の**杆状体**は明暗を、**錐状体**は色を感じる。遠視眼は眼軸が短過ぎるため、網膜の後方で像を結ぶ。焦点距離の調節は、虹彩の後ろの水晶体の厚みを調節することで行う。

（3）**神経系**　自律神経系中枢は、脳幹及び脊髄にあり、生命維持機能をつかさどる中枢は脳幹を構成する間脳の視床下部にある。

（4）**心臓・血液**　肺循環は、「右心室」から「肺動脈」を経て、「肺静脈」から「左心房」に戻る血液の流れである。

（5）**腎臓・尿**　腎臓の構造及び各器官の働き、尿の成分などが出題される。糸球体では血液中の血球と蛋白質（たんぱくしつ）以外の成分がろ過される。

◆直近の法改正情報◆

□安全衛生教育の省略が廃止（省令91号、令和６年４月１日施行）

◇労働安全衛生規則の一部改正（則35条１項）

事業者は、業種を問わず**労働者を雇い入れた**とき、又は労働者の**作業内容を変更**したときは、遅滞なく、**従事する業務に関する安全又は衛生のための必要な事項について、教育を実施**しなければならない（安衛法59条１項・２項）。

そして従来、安衛令２条３号に掲げる**「その他の業種」の労働者**には、**教育項目の一部の省略**が認められてきたが、令和６年４月１日から廃止される（P.26参照）。なお、「その他の業種」とは、総括安全衛生管理者を選任すべき事業場で（P.13参照）、労働災害等の発生が少ないと考えられる「非製造業・非工業的業種」である。

〔参考〕 必要な教育内容（則35条１項）

①機械等、原材料等の危険性・有害性・取扱い方法
②安全装置、有害物抑制装置、保護具の性能・取扱い方法
③作業手順　　④作業開始時の点検
⑤当該業務に関して発生するおそれのある疾病の原因及び予防
⑥整理、整頓及び清潔の保持　　⑦事故時等における応急措置及び退避
⑧その他、業務に関する安全又は衛生のために必要な事項

令和６年３月末までの**雇入れ時の教育**では、**「その他の業種」の労働者**について、**上記①～④の事項について**省略が認められてきた。これが令和６年４月１日から廃止され、以後はすべての項目について、全業種の労働者が対象となった。なお、事業者は、上記８つの事項の全部又は一部に関し十分な知識及び技能を有していると認められる労働者については、当該事項についての教育を省略することができる（則35条２項）。この改正に伴い、例えば、下記の問題では試験日が「令和６年３月と４月」で正解が異なることになるので、注記しておこう。

> 雇入れ時の安全衛生教育について、医療業の事業場においては、**「作業開始時の点検に関すること」**についての**教育を省略することができる**。

令和６年３月末までは →正しい（上記④に該当）

令和６年４月１日以降 →誤　り
（すべての項目について、全業種の労働者が対象となる）

本書のポイント

４章に分けたテーマ内容では、横断的な解説をしています。本試験で出題されるテーマが、関連する他のテーマで出題されるということは珍しくありません。

そこで、関連事項を再認識し、テーマごとに知識が固定されないようにするため、一部の項目については重複させながらまとめています。これは、本試験でどの分野のテーマから出題されても戸惑うことなく対応するためのものです。

本書の使い方　赤シートで実力アップ！

毎回実施される本試験の多くは、類似した問題、同一内容の選択肢が出題される傾向にあります。したがって、この傾向をつかんで学習することが大事です。

本書は過去問を分析し、実際に出題された内容に沿ってテーマをまとめました。テキストを読み、「出題パターン」で問題演習をしましょう。

さらに、重要項目やキーワードを赤文字で表示し、付属の赤シートを活用して、知識が身に付いたかを確認できます。

ステップ　１　見開きの左ページで基本的な事項を学習しましょう。特に赤文字部分はしっかり覚えたいポイントです。関係法令の章では根拠条項を明示しているので、条文を確認しながらの学習もできます。

ステップ　２　右ページの「ここがポイント」は、知識の再確認、本試験直前のチェックにも利用できます。

ステップ　３　「ナビゲーション」では、テーマの内容をわかりやすく図表やイラストで示し、記述の補足をしています。自作の書き込みノートとしても利用が可能です。

ステップ　４　最後の「出題パターン」は、全テーマにわたりほぼ過去問題でまとめています。出題傾向の把握、試験の予行演習と、実力チェックに役立ててください。

※本書では、『前年版』の内容に法令改正等の追加修正を行った項目テーマについては、テーマ見出しに⊙マークを付けてあります。解説中に☆マークが付いているものは令和６（2024）年４月１日から施行される内容です。

・法令等の略称表示として、施行令は「令」、施行規則は「則」としています。

・本書は、原則として令和５年11月１日現在施行中の法令等に基づいて編集しています。

CONTENTS

CONTENTS

第２章　労働基準法の必修15項目

第３章　労働衛生の必修20項目

CONTENTS

CONTENTS

◆衛生管理者ガイダンス

衛生管理者には担当業務により「第１種」・「第２種」の２種類があります。

両者とも国家資格であり、公益財団法人安全衛生技術試験協会が実施する免許試験を受け、合格することで資格を取得できます。

本書で目指す「第２種衛生管理者」は、有害物質を扱う業務や工業的な業務を除いた分野の職場で、労働者の健康管理と衛生面の快適な職場環境づくりを担当します。

●衛生管理者の仕事

労働安全衛生法（以下、法）では、事業者に、使用する労働者の一定の人数ごとに、衛生管理者等を選任することを義務付けています。

労働者数による衛生管理者の選任数は以下のとおりです。

労働者数	衛生管理者数
50人未満	0人
50 ～ 200人	1人以上
201 ～ 500人	2人以上
501 ～ 1000人	3人以上
1001 ～ 2000人	4人以上
2001 ～ 3000人	5人以上
3001人以上	6人以上

※衛生管理者は、例外を除いて事業場に専属でなければならず、しかも他の事業場と兼任はできません。

なお、50人未満の事業場では、衛生管理者の選任は不要ですが、衛生推進者を置かなければならない、とされています。

◆資格へのニーズは絶えず有利

50人以上の事業場では、衛生管理者選任は義務ですから、企業には必要な資格です。したがって、就職活動や事業者が選任指名をする際に衛生管理者資格は武器になります。

●衛生管理者の職務

衛生管理者の主な職務内容は、以下のように定められています。「第２種衛生管理者」が対象となるものは、長でもある総括安全衛生管理者の職務のうち、衛生管理面に関する内容です。

①健康に異常のある者の発見・処置
②作業環境における衛生上の調査改善
③作業条件、施設等の衛生上の調査改善
④衛生保護具、救急用具等の点検整備
⑤衛生教育、健康相談その他労働者の健康保持に必要な事項
⑥その他

●試験情報

受験手数料：8,800円
試験時期：毎月１～７回（各試験地によって異なる）
出題形式：５肢択一式

試験は（公財）安全衛生技術試験協会の他、全国７地域の安全衛生技術センターで実施されます（P.10参照）。

試験科目：関係法令10問、労働衛生10問、労働生理10問の計30問が出題されます。科目ごとの得点が40％以上、合計で60％以上の得点が合格ラインです。

受験申請書：受験希望地の技術センターから取り寄せ、直接持参又は郵送で申し込みます。また、**受験資格には一定の条件（１年以上の実務経験等）**がありますので、詳細は、P.10に掲載の各地域の技術センターにお問い合わせください。

●試験に関する問い合わせ先

○公益財団法人安全衛生技術試験協会 〒101－0065 東京都千代田区西神田３－８－１ 千代田ファーストビル　東館９階 TEL：03－5275－1088 https://www.exam.or.jp/	○北海道安全衛生技術センター 〒061－1407 北海道恵庭市黄金北３－13 TEL：0123－34－1171 https://www.hokkai.exam.or.jp/
○東北安全衛生技術センター 〒989－2427 宮城県岩沼市里の杜１－１－15 TEL：0223－23－3181 https://www.tohoku.exam.or.jp/	○関東安全衛生技術センター 〒290－0011 千葉県市原市能満2089 TEL：0436－75－1141 https://www.kanto.exam.or.jp/
○中部安全衛生技術センター 〒477－0032 愛知県東海市加木屋町丑寅海戸51－５ TEL：0562－33－1161 https://www.chubu.exam.or.jp/	○近畿安全衛生技術センター 〒675－0007 兵庫県加古川市神野町西之山字迎野 TEL：079－438－8481 https://www.kinki.exam.or.jp/
○中国四国安全衛生技術センター 〒721－0955 広島県福山市新涯町２－29－36 TEL：084－954－4661 https://www.chushi.exam.or.jp/	○九州安全衛生技術センター 〒839－0809 福岡県久留米市東合川５－９－３ TEL：0942－43－3381 https://www.kyushu.exam.or.jp/

※本書のP.9～10の試験に関する情報は、令和５年11月１日現在のものに基づいて編集しています。変更されることがありますので、受験される方は、試験に関する最新情報を（公財）安全衛生技術試験協会の各センター等で、事前に必ずご自身で確認してください。

第1章

労働安全衛生法の必修23項目

総括安全衛生管理者 ここを押さえる

●総括安全衛生管理者とは

総括安全衛生管理者は、事業場における安全と衛生に関するすべての管理を統括する最高責任者である。

事業者はナビゲーション（以下、ナビ）の表に示した一定の業種、一定の規模以上の事業場（一工場等一単位100人以上）ごとに、総括安全衛生管理者を選任する義務がある。

●資格と職務

総括安全衛生管理者には、事業場においてその事業の実施を実質的に統括管理する権限を有する者を任命しなければならない（10条２項）。

主な職務としては、安全管理者、衛生管理者又は労働災害の際の救護に関する措置について技術的事項を管理する者を指揮するとともに、次の一定の業務を統括管理する（同１項各号）。

（統括管理する業務）

①労働者の危険又は健康障害を防止するための措置に関すること。

②労働者の安全又は衛生のための教育の実施に関すること。

③健康診断の実施その他健康の保持増進のための措置に関すること。

④労働災害の原因の調査及び再発防止対策に関すること。

⑤前各号に掲げるもののほか、労働災害を防止するため必要な業務で、厚生労働省令で定めるもの。

「厚生労働省令で定めるもの」としては、安全衛生に関する方針の表明、危険性又は有害性等の調査及びその結果に基づき講ずる措置、安全衛生に関する計画の作成、実施、評価及び改善等がある（則３条の２）。

なお、総括安全衛生管理者の選任義務がある事業場は、労働者を最低でも100人以上使用する事業場であるから、安全衛生推進者又は衛生推進者（P.18参照）を指揮することはない。

●選任・報告

①事業者は、選任すべき事由が発生した日から14日以内に選任しなければならない（則２条１項）。

②選任後は遅滞なく、選任報告書を所轄労働基準監督署長に提出しなければならない（同２項）。

③総括安全衛生管理者が旅行、疾病、事故等やむを得ない事由により職務を行うことができないときは、代理者を選任しなければならない（則３条）。

●都道府県労働局長の勧告

都道府県労働局長は、労働災害防止のため必要があると認めるときは、総括安全衛生管理者の業務の執行について事業者に勧告することができる（10条３項）。

①総括安全衛生管理者は、その事業場における事業の実施を統括管理する者をもって充てなければならない。
②総括安全衛生管理者の選任義務があるのは、最低でも100人以上の労働者を使用する事業場においてである。

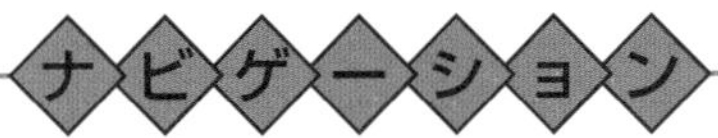

■総括安全衛生管理者の選任を必要とする事業場（令2条）

業　　種	常時使用労働者数
林業、鉱業、建設業、運送業及び清掃業（**屋外産業的業種**）	100人以上
製造業（物の加工業を含む）、電気業、ガス業、熱供給業、水道業、通信業、各種商品卸売業、家具・建具・じゅう器等卸売業、各種商品小売業、家具・建具・じゅう器小売業、燃料小売業、旅館業、ゴルフ場業、自動車整備業及び機械修理業（**製造業・工業的業種**）	300人以上
その他の業種（**非製造業・非工業的業種**）	1,000人以上

※**総括安全衛生管理者の選任業種での注意**　この場合の「その他の業種」には、第2種衛生管理者の選任業種（次ページ）「各種商品小売・卸売業、旅館業等（表の赤字業種など）」が含まれない。混同しないように理解しよう。なお、「**医療業**」は、「その他の業種」に含まれる。

出題パターン

Q1 常時300人以上の労働者を使用する各種商品小売業の事業場では、総括安全衛生管理者を選任しなければならない。

Q2 総括安全衛生管理者には、事業場においてその事業の実施を統括管理する者又はこれに準ずる者を充てることができる。

Q3 総括安全衛生管理者は、選任すべき事由が発生した日から14日以内に選任しなければならない。

A1=○ 常時300人以上の労働者を使用する各種商品小売業の事業場では、総括安全衛生管理者の選任が必要である（令2条2号）。

A2=× 総括安全衛生管理者には、事業場において「その事業の実施を統括管理する者」を充てなければならないので、「又はこれに準ずる者」を充てることができない（10条2項）。

A3=○ 総括安全衛生管理者の選任は、選任すべき事由が発生した日から14日以内に行わなければならない（則2条1項）。

衛生管理者(1) ここを押さえる

●選任

事業者は、業種を問わず、常時50人以上の労働者（ナビ参照）を使用する事業場ごとに、都道府県労働局長の免許を受けた者その他厚生労働省令で定める資格を有する者のうちから、当該事業場の業務の区分に応じて、衛生管理者を選任しなければならない（12条、令4条）。

①事業者は、衛生管理者を選任すべき事由が発生した日から14日以内に選任しなければならない（則7条1項1号）。

②選任後は遅滞なく、選任報告書を所轄労働基準監督署長に提出しなければならない（同2項）。

③事業者は、衛生管理者が旅行、疾病、事故等やむを得ない事由によって職務を行うことができないときは、代理者を選任しなければならない（同2項）。

●資格

衛生管理者は都道府県労働局長の免許を受けた者（第1種・第2種衛生管理者、衛生工学衛生管理者）、医師・歯科医師、労働衛生コンサルタントその他厚生労働大臣が定める者（中学・高校の保健体育の教員免許、養護教諭免許を有する者で、学校に在職する者など）の資格を有する者でなければならない（則10条）。

●選任区分

衛生管理者は、「**有害業務の業種**」及び有害業務以外の「**その他の業種**」の区分に応じて、それぞれの資格を有する者の中から選任しなければならない。

第2種衛生管理者は、「**その他の業種**」を担当する資格である（則7条1項3号）。つまり、例えば以下の表中、運送業や医療業では、第2種衛生管理者を選任できない。

（資格で担当できる業種）

有害業務の業種	農林畜水産業、鉱業、建設業、製造業（物の加工業を含む）、電気業、ガス業、水道業、熱供給業、運送業、自動車整備業、機械修理業、医療業及び清掃業
資格	①第1種衛生管理者免許 ②衛生工学衛生管理者免許 ③医師、歯科医師、労働衛生コンサルタント等

その他の業種	情報通信業、金融・保険業、広告業など事務的業種、各種商品小売（百貨店等）・卸売業（商社等）、事業サービス（警備等）業、接客娯楽（飲食業等）・旅館業、映画・演劇業、教育業等
資格	第2種衛生管理者免許及び上記の①②③の者

①業種を問わず、使用する労働者数が常時50人以上となる場合は、衛生管理者を労働者数の規模に合わせ選任しなければならない。
②衛生管理者を選任すべき事由が発生した日から14日以内に選任し、遅滞なく労働基準監督署長に報告書を提出する。
③第２種衛生管理者は「その他の業種」以外、有害業務を担当することはできない。

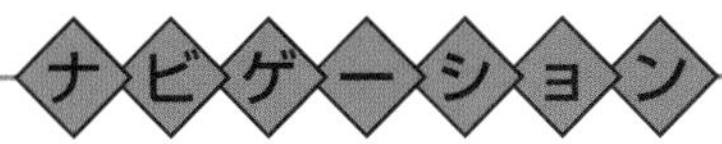

■選任すべき衛生管理者の数（則７条１項４号）

事業場の規模（常時使用する労働者数）	衛生管理者数
50～200人	１人以上
201～500人	２人以上
501～1,000人	３人以上
1,001～2,000人	４人以上
2,001～3,000人	５人以上
3,001人以上	６人以上

※労働者数が50人未満の場合　50人に満たない事業場の場合は「衛生推進者」を選任すればよい。

出題パターン

Q1 常時使用する労働者数が60人の運送業の事業場では、第２種衛生管理者免許を有する者のうちから衛生管理者を選任することができる。

Q2 常時使用する労働者数が60人の旅館業の事業場では、第２種衛生管理者免許を有する者のうちから衛生管理者を選任することができる。

Q3 常時使用する労働者数が1,000人を超え2,000人以下の事業場では、４人以上の衛生管理者を選任しなければならない。

A1＝× 運送業の事業場では、第１種衛生管理者免許等一定の資格を有する者の選任が必要で、第２種衛生管理者は選任できない（則７条１項３号イ）。

A2＝○ 常時60人の労働者を使用する旅館業の事業場では、第２種衛生管理者免許を有する者のうちから衛生管理者を１人選任することができる（則７条１項３号ロ、同４号）。

A3＝○ 常時1,000人を超え2,000人以下の労働者を使用する事業場では、４人以上の衛生管理者を選任しなければならない（則７条１項４号）。

衛生管理者（２）ここを押さえる

●職務

衛生管理者の職務は、総括安全衛生管理者が行う安全衛生業務のうち、衛生に係る以下の技術的事項の管理である。

①労働者の危険又は健康障害を防止するための措置に関すること。
②労働者の安全又は衛生のための教育の実施に関すること。
③健康診断の実施その他健康の保持増進のための措置に関すること。
④労働災害の原因の調査及び再発防止対策に関すること。
⑤労働災害を防止するため必要な業務（安全衛生に関する計画の作成、実施等に関すること等、12条）。

（具体的な職務内容）

①健康に異常のある者の発見・処置
②作業環境における衛生上の調査
③作業条件、施設等の衛生上の改善
④労働衛生保護具、救急用具等の点検・整備
⑤衛生教育、健康相談その他労働者の健康保持に必要な事項
⑥労働者の負傷・疾病それによる死亡、欠勤・異動に関する統計作成
⑦衛生日誌等職務上の記録及び整備
⑧衛生委員会への出席等

●作業場等の定期巡視

衛生管理者は、少なくとも毎週１回作業場等の巡視を行わなければならない。設備、作業方法、衛生状態に有害のおそれがあるときは、直ちに、労働者の健康障害を防止するため必要な措置を講じなければならない。このため事業者は、衛生管理者に衛生に関する措置の権限を与えなければならない（則11条）。

●専属と専任

衛生管理者は、事業場に専属する者を選任しなければならない。ただし、２人以上選任する場合において、その中に労働衛生コンサルタントがいる場合は、１人については専属の者ではなくてもよい（則７条１項２号）。

また、常時1,000人を超える労働者を使用する事業場では、少なくとも１人の専任の衛生管理者を選任しなければならない（同５号）。

●増員・解任の命令

労働基準監督署長は、労働災害を防止するため必要があると認めるときは、事業者に対し、衛生管理者の増員又は解任を命ずることができる（11条２項）。

また、解任を命じようとするときは、事業者及び衛生管理者に弁明の機会を与えなければならない。

●共同の衛生管理者の選任勧告

都道府県労働局長は、必要と認めるときは、同一の地域にある２以上の事業場について、共同して衛生管理者を選任すべきことを勧告できる（則９条）。

①衛生管理者は、事業場に専属する者を選任する。ただし、2人以上の場合において、その中に労働衛生コンサルタントがいる場合は、1人は専属の者でなくてもよい。

②常時1,000人を超える労働者を使用する事業場では、専任の衛生管理者を少なくとも1人選任しなければならない。

■総括安全衛生管理者・衛生管理者の選任関係まとめ

	選任数	選任期限	選任報告	代理者制	巡視	行政介入	専属	専任制
総括安全衛生管理者	1人	14日以内	遅滞なく「署長」へ	有	—	局長	—	—
衛生管理者	規模により1～6人	14日以内	遅滞なく「署長」へ	有	週1回	署長	有	有

※「署長」とは所轄労働基準監督署長、「局長」とは都道府県労働局長

出題パターン

Q1 常時50人以上の労働者を使用する医療業の事業場では、第2種衛生管理者免許を有する者のうちから衛生管理者を選任することができる。

Q2 常時200人の労働者を使用する清掃業の事業場において、衛生工学衛生管理者免許を有する者のうちから衛生管理者を1人選任している。

Q3 常時使用する労働者数が2,000人以上の事業場では、専任の衛生管理者を2人以上選任しなければならない。

A1=× 50人以上の事業場では、衛生管理者1人の選任義務がある（則7条1項4号）が、**医療業**では、第1種衛生管理者免許、又は衛生工学衛生管理者免許等の資格を有する者のうちから選任する必要がある（同3号イ）。第2種衛生管理者は選任できない。

A2=○ 200人以下の事業場では、1人の衛生管理者を選任すればよい（則7条1項4号）。清掃業の事業場なので、第1種衛生管理者免許、又は衛生工学衛生管理者免許等の資格を有する者のうちから選任する必要がある（同3号イ）。

A3=× 常時1,000人を超える労働者を使用する事業場では、衛生管理者のうち少なくとも1人を専任の衛生管理者としなければならない（則7条1項5号）。使用する労働者が2,000人以上であっても1人で足りる。

1章 4

安全衛生管理体制4

衛生推進者 ここを押さえる

●選任義務

衛生管理者の選任が義務付けられていない、常時10人以上50人未満の労働者（パート・アルバイト等含む）を使用する中小規模の事業場（ナビ参照）では、衛生に係る業務を担当するため必要な能力を有すると認められる者のうちから、専属の衛生推進者を選任しなければならない（12条の２、則12条の２、12条の３）。

事業者は、衛生推進者を選任すべき事由が発生した日から14日以内に選任しなければならない（則12条の３第１項１号）。

●職務

衛生推進者は、少なくとも週１回の職場巡視を行い、以下の職務を行う等安全で健康的な職場環境を守らなければならない（12条の２）。

①健康異常者の発見と処置
②作業環境の衛生上の調査、改善
③健康診断実施及び健康の保持増進
④労働衛生保護具、救急用具の点検整備
⑤衛生教育･衛生日誌などの記録の整備、労働疾病の原因調査と予防

●資格

衛生推進者として、都道府県労働局長の登録を受けた者が行う講習を修了した者等を選任する義務があるが、具体的には次のとおりである。

①大学又は高専卒業後に１年以上安全衛生の実務経験者
②高等学校又は中等教育学校卒業後に３年以上安全衛生の実務経験者
③５年以上（安全）衛生の実務経験者
④衛生推進者養成講習の修了者
⑤衛生推進者資格を有する者

●周知

事業者は、衛生推進者を選任したときは、衛生推進者の氏名を作業場の見やすい箇所に掲示するなど労働者に周知させなければならない（則12条の４）。

●安全管理者と安全衛生推進者

常時50人以上の労働者を使用する屋外・工業的業種では、総括安全衛生管理者の職務のうち、「安全」に係る技術的事項を担当する**安全管理者**の選任義務がある（11条）が、10人以上50人未満の事業場ではその選任義務がない。この場合の事業場では**安全衛生推進者**を選任する義務がある（12条の２、則12条の３）。

安全管理者の担当業務の多くは、第２種衛生管理者の担当外となる業務であるが、第１章７「衛生委員会」で、関連した「安全委員会」の用語が出てくるので、この安全管理者・**安全衛生推進者**を関連知識として覚えておきたい。

①衛生推進者の選任は、常時10人以上50人未満の労働者（パート・アルバイト等含む）を使用する中小規模の事業場で、選任すべき事由が発生した日から14日以内に行わなければならない。
②衛生推進者を選任したときは、衛生推進者の氏名を作業場の見やすい箇所に掲示するなど労働者に周知させなければならない。

■常時10人以上50人未満の事業場における業種別選任内容

選任区分	業種区分	業種内容
（イ）安全衛生推進者を選任すべき業種	屋外・工業的業種	林業、鉱業、建設業、運送業、清掃業、製造業（物の加工業を含む）、電気業、ガス業、熱供給業、水道業、通信業、各種商品卸売・小売業、家具・建具・じゅう器等卸売業、家具・建具・じゅう器小売業、燃料小売業、旅館業、ゴルフ場業、自動車整備業、機械修理業
（ロ）衛生推進者を選任すべき業種	非工業的業種	銀行業、証券業、生保・損保業、飲食業、映画・演劇業、教育施設、広告・出版・情報サービス業、人材派遣業、（イ）の各種商品卸売・小売業以外の卸売・小売業など

※衛生管理者の選任では、「各種商品卸売・小売業、旅館業等」は「その他の業種」＝非工業的業種に分類されているが、この「10人以上50人未満の業種区分」では「屋外・工業的業種」に含まれる。

出題パターン

Q1 常時30人の労働者を使用する銀行においては、衛生管理者は選任せず、衛生推進者を１人選任すればよい。

Q2 常時40人の労働者を使用する会計事務所の事業場において、衛生管理者は選任していないが、衛生推進者を１人選任している。

Q3 常時40人の労働者を使用する金融業の事業場においては、衛生管理者は選任せず、衛生推進者を１人選任すればよい。

A1=○ 常時使用する労働者が10人以上50人未満の事業場では、１人の衛生推進者の選任だけで足りる（12条の２、則12条の２）。衛生管理者の選任は必要ない。

A2=○ 常時使用する労働者が10人以上50人未満の会計事務所であれば、１人の衛生推進者の選任で足り、衛生管理者の選任は必要ない。

A3=○ **A1**解説参照。

産業医（1）ここを押さえる

●選任

業種を問わず常時50人以上の労働者を使用する事業場の事業者は、事業規模に応じて産業医を選任し、労働者の健康管理等を行わせなければならないとされる（13条1項、令5条）。

産業医を選任することで、医学に関する専門的な立場から、

①労働者の健康管理
②衛生教育などを通じて職場の健康意識の向上
③作業環境の管理などについての助言

といった、職場における労働者の健康管理等を効果的に行うことができる。

以下に掲げる資格の者は、選任対象とならない（則13条1項2号）。

（イ）事業者が法人の場合…当該法人の代表者
（ロ）事業者が法人でない場合…事業を営む個人
（ハ）事業場においてその事業の実施を統括管理する者

●選任の内容

事業者は、選任事由が発生した日から①14日以内に選任し、②選任後は、遅滞なく、所轄労働基準監督署長に報告しなければならない（則13条1項1号・2項）。

〈労働者数に対する選任数〉

①50人以上3,000人以下……1人以上
②3,001人以上………………2人以上

●専属が必要な事業場

以下の事業場では、事業場に専属の産業医を選任しなければならない（則13条1項3号）。

①常時1,000人以上の事業場
②常時500人以上で有害業務を行う事業場（深夜業を含む）

●産業医の要件

産業医は、労働者の健康管理を行うのに必要な知識を有する医師であり、以下のいずれかの要件を備えた者から選任する（13条1項・2項、則14条2項）。

①厚生労働大臣の指定する者（法人に限る）が行う研修を修了した者
②産業医の養成課程を設置している産業医科大学その他の大学で、当該課程を修めて卒業し、その大学が行う実習を履修した者
③労働衛生コンサルタント試験合格者（試験区分が保健衛生であるもの）
④大学において労働衛生に関する科目を担当する教授、准教授、常勤講師又はこれら経験者
⑤以上のほか、厚生労働大臣が定める者

●50人未満の事業場等

産業医の選任義務はなく、非常勤の医師、保健師でよい。事業者は、医師等に、労働者の健康管理等の全部又は一部を行わせるように努めなければならない（13条の2、則15条の2）。

①業種を問わず常時50人以上の労働者を使用する事業場の事業者は、産業医を選任しなければならない（13条1項、令5条）。**3,000人を超える事業場では2人以上の選任が必要である。**

②常時1,000人以上の労働者を使用する事業場又は常時500人以上で有害業務を行う事業場（深夜業を含む）では、専属の産業医を選任しなければならない。

■産業医を選任する事業場の規模

事業場の規模（常時使用する労働者）	産業医の人数	専属の産業医の選任が必要な事業場
50人未満	選任義務はなし	該当せず
50～499人	1人以上	該当せず
500～999人	1人以上	深夜業を含む有害な業務に常時500人以上の労働者を使用する事業場が該当
1,000～3,000人	1人以上	該当
3,001人以上	2人以上	該当

出題パターン

Q1 常時1,000人以上の労働者を使用する事業場では、その事業場に専属の産業医を選任しなければならない。

Q2 事業者が衛生委員会の委員として指名する産業医は、その事業場に専属の者でなくてもよい。

Q3 常時900人の労働者を使用し、そのうち深夜業を含む業務に常時500人以上の労働者を従事させる事業場では、その事業場に専属の産業医を選任しなければならない。

A1=○ 常時1,000人以上の場合、専属の産業医が必要である（則13条1項3号）。

A2=○ 産業医の委員指名は、専属の者でなくともよい（18条2項3号、P.24参照）。

A3=○ 常時1,000人以上の労働者を使用する事業場又は深夜業を含む一定の有害業務に、常時500人以上の労働者を使用する事業場では、その事業場に専属の産業医を選任する必要がある（則13条1項3号ヌ）。

産業医（2）ここを押さえる

●産業医の職務

産業医は医学の知識に基づき、労働者の健康を保持するための措置として、以下のような職務（ナビも参照）を行うこととされる（則14条1項）。

①健康診断の実施、長時間労働者への面接指導等の実施
②心理的な負担の程度を把握するための検査の実施並びに面接指導の実施
③作業環境の維持管理、作業の管理
④健康教育、健康相談等健康管理
⑤労働衛生教育に関すること
⑥労働者の健康障害の原因の調査及び再発防止のための措置

その他、主要な職務内容には上記①、②に関連したメンタルヘルスケアや産業保健スタッフとしての参画、衛生委員会等への出席、緊急事態（労働災害、事故、火災、感染症等）への対応等がある。

◆作業場の定期巡視

作業場の巡視は、毎月1回以上、事業者から一定の情報提供を受けて、事業者の同意を得ているときは、少なくとも2か月に1回とすることができる（則15条）。

◆情報通信機器による遠隔での職務

選任された事業場以外から職務の一部を遠隔実施することは違反にならない。一方で「面接指導」の場合、必要と認める場合は直接対面で実施するなど、その他の職務も含め留意点が示されている。

●産業医職務内容の周知

事業者は、産業医の業務内容、健康情報の取扱い等を、常時各作業場の見やすい場所へ掲示、又は備え付けるなどして労働者に周知しなければならない（101条2項）。

●産業医の権限

産業医は、前記①～⑥について、以下の権限を持つ。

①労働者の健康確保のため必要があると認めるときは、事業者に対し、労働者の健康管理等について必要な勧告ができる。事業者は、産業医の勧告を受けたときは、これを尊重し、勧告内容を衛生（又は安全衛生）委員会に報告しなければならない（13条5項・6項）。

勧告を受けた事業主は、内容を記録して3年間保存しなければならない（則14条の3第2項）。

②総括安全衛生管理者に対して勧告することができる（則14条3項）。
③衛生管理者に対して指導、助言をすることができる（同3項）。

事業者は、以上の勧告等を受けたことを理由に、産業医を解任する等不利益な取扱いをしてはならない（則14条4項）。

また、事業者は産業医が辞任又は解任したときは、遅滞なく、理由等を衛生委員会等に報告しなければならない（則13条4項）。

①産業医は、労働者の健康を確保するため必要があれば、事業者に対し勧告することができる。事業者は、この勧告内容を衛生委員会等に報告し、勧告内容の記録を3年間保存しなければならない。
②産業医は、健康診断や面接指導の実施、作業環境の維持管理、労働者の健康障害の原因の調査・再発防止等について、総括安全衛生管理者に対しては勧告、衛生管理者には指導、助言をすることができる。

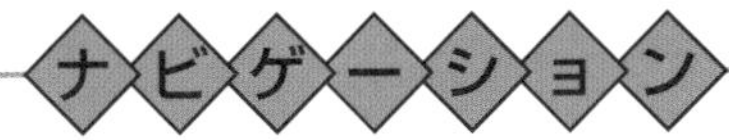

■事業者の産業医への情報提供義務（則14条の２）
事業者が提供しなければならない情報（労働者の労働時間や産業医が労働者の健康管理等を適切に行うために必要なもの）とは次のものがある。
①健康診断実施後の措置、長時間労働による面接指導実施後の事後措置、又はストレスチェック実施後の事後措置等（講じようとする措置を含む）の内容に関する情報。
②長時間労働・面接要件の「80時間」を超えた労働者の氏名及び労働時間に関する情報。
③その他、労働者の健康管理等行うため必要と認めるもの。

出題パターン

Q 産業医の職務として法令で定められた事項に関する次の文中の［　　］内に入れるAからCの語句の組合せとして、正しいものは（1）～（5）のうちどれか。
「事業者は、産業医に、次の事項を含む労働者の健康管理等に関する事項で、医学に関する専門的知識を必要とするものを行わせなければならない。
・健康診断及び［ A ］等の実施並びにこれらの結果に基づく労働者の健康を保持するための措置に関すること
・［ B ］の維持管理に関すること
・［ C ］に関すること」

	A	B	C
（1）	健康測定	作業環境	衛生推進者の選任
（2）	面接指導	作業環境	作業の管理
（3）	健康測定	化学物質管理システム	安全衛生に関する方針の表明
（4）	面接指導	安全衛生マネジメントシステム	安全衛生に関する方針の表明
（5）	健康測定	安全衛生マネジメントシステム	衛生推進者の選任

A=（2）。A：面接指導、B：作業環境、C：作業の管理が入る（13条1項、則14条）。

衛生委員会 ここを押さえる

●設置すべき事業場と役割

事業者は、業種を問わず常時50人以上の労働者を使用する事業場ごとに、衛生に関する下記の事項を調査審議し、事業者に意見を述べるための衛生委員会を設置しなければならない（18条1項、令9条）。

〈衛生委員会の審議事項〉

①健康障害防止対策
②健康保持増進対策
③労働災害の原因調査及び再発防止対策
④前記①～③以外の、労働者の健康障害の防止及び健康の保持増進に関する重要事項

●事業者が指名する委員

衛生委員会の委員は次の者をもって構成する。

議長を除く半数の委員は、労働者の過半数を代表する労働組合（ないときは、労働者の過半数を代表する者）の推薦に基づき指名しなければならない（18条4項）。

〈委員の構成〉（同2項・4項）

①総括安全衛生管理者又は事業を統括管理する者、若しくはこれに準ずる者…1人。議長は①の者がなる。
②衛生管理者…1人以上
（選任している非専属の労働衛生コンサルタントも委員として指名できる）
③産業医（非専属も可）…1人
④事業場の労働者で、衛生に関し経験を有する者…1人以上

また、事業者は、当該事業場の労働者で、作業環境測定士を委員として指名することができる（同3項）。これは指名「できる」だけで、しなくてもよい。

●会議

事業者は、衛生委員会を毎月1回以上開催しなければならない（則23条1項）。

衛生委員会では、委員会の招集、議事の決定等を定める。事業者は委員会開催の都度に記録を作成し、3年間保存しなければならない（同2項・4項）。

事業者は開催の都度、遅滞なく、議事の概要を ①作業場の見やすい場所に掲示又は備え付ける、②書面を労働者に交付する、③磁気ディスク等に記録し、労働者がいつでも確認できる機器を各作業場に設置するといった方法で労働者に周知させなければならない（同3項）。

●安全衛生委員会

衛生委員会及び安全管理者による「安全委員会」を設けなければならないときは、「衛生委員会」「安全委員会」に代えて「安全衛生委員会」を設置することができる（19条1項）。

●衛生委員会は労働時間

衛生委員会の活動は労働時間と解され、会議が法定時間外に行われた場合は、参加者に対して割増賃金を支払わなければならない（昭47.9.18基発602号）。

①事業者は、議長となるべき委員を除く委員の半数については、当該事業場の労働者の過半数で組織する労働組合（ないときは労働者の過半数を代表する者）の推薦に基づいて指名しなければならない。

②事業者は、委員会の議長には、総括安全衛生管理者又は事業を統括管理する者、若しくはこれに準ずる者から指名する。

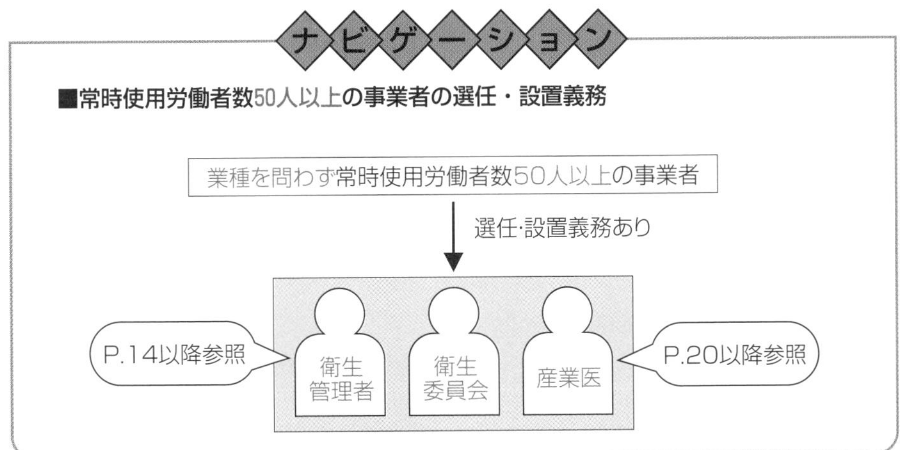

出題パターン

Q1 衛生委員会の議長を除く全委員については、事業場に労働者の過半数で組織する労働組合がないときは、労働者の過半数を代表する者の推薦に基づき指名しなければならない。

Q2 衛生委員会の議事で重要なものについては、記録を作成し、3年間保存しなければならない。

Q3 衛生委員会の議長は、衛生管理者である委員のうちから、事業者が指名しなければならない。

A1=× 事業者は、議長を除く委員の半数については、その事業場の労働組合等を代表する者の推薦に基づいて指名しなければならない（18条4項）。議長を除く全委員ではない。

A2=○ 衛生委員会の議事で重要なものについては、記録を作成して3年間保存しなければならない（則23条4項）。

A3=× 議長は、総括安全衛生管理者又はその事業の実施を統括管理する者、若しくはこれに準ずる者のうちから事業者が指名する（18条4項）。

雇入れ時の安全衛生教育 ここを押さえる

●教育実施義務

事業者は、業種を問わず労働者を雇い入れたとき、又は労働者の作業内容を変更したときは、当該労働者に対し、従事する業務に関する安全又は衛生のための必要な事項について、教育を実施しなければならない（59条1項、2項）。

雇入れ時に行う安全衛生教育の対象者は、雇用形態を問わずすべての労働者が対象である。1か月以内や3か月以内の期間を定めて雇用する労働者であっても教育は行わなければならない。

したがって、パートタイマー及びアルバイトなど非正規労働者であっても、雇入れ時の教育は必要である。

また、10人未満の事業場の事業者であっても実施の義務がある。

●実施内容（則35条）

事業者は、次の事項のうち当該労働者に対し、遅滞なく、従事する業務に関する必要な事項について教育を行わなければならない。

①機械等、原材料等の危険性又は有害性及びこれらの取扱い方法に関すること
②安全装置、有害物抑制装置又は保護具の性能及び取扱い方法に関すること
③作業手順に関すること
④作業開始時の点検に関すること
⑤当該業務に関して発生するおそれのある疾病の原因及び予防に関すること
⑥整理、整頓及び清潔の保持に関すること
⑦事故時等における応急措置及び退避に関すること
⑧その他、安全又は衛生に必要な事項

●全業種に教育全項目の義務化

これまでの雇入れ時の教育では、令2条3号に掲げる「**その他の業種**」の労働者については、前述①～④の事項について省略が認められてきた。これが令和6年4月1日から廃止となり、以後、雇入れ時の安全衛生教育はすべての項目について全業種の労働者が対象となる（☆）。

●教育項目省略の例外

事業者は、前述の8つの事項の**全部又は一部に関し十分な知識及び技能を有している**と認められる労働者については、当該事項についての教育を省略することができる（則35条2項）。

●記録の保存

雇入れ時の安全衛生教育は、「特別の安全衛生教育※」とは異なり、記録の保存は義務付けられていない。

※**特別の安全衛生教育**は、則36条で定める危険又は有害な業務が対象で、受講者、科目等の記録を3年間保存しなければならない。

●教育時間

教育時間については法令では定められていないが、安全衛生教育は原則として所定労働時間内に行い、費用は事業者が負担しなければならない。

①雇入れ時の安全衛生教育は、業種・事業規模に関係なく、10人未満の事業場であっても実施の義務がある。対象となる労働者は、パート、アルバイト等も含むすべての労働者である。

②安全衛生教育は労働者を雇い入れたとき、又は労働者の作業内容を変更したときに、遅滞なく行わなければならない。

③教育事項が省略できる例外として、雇入れ時の安全衛生教育8項目の全部又は一部に関して、十分な知識及び技能を有していると認められる労働者については、当該事項についての教育を省略することができる。

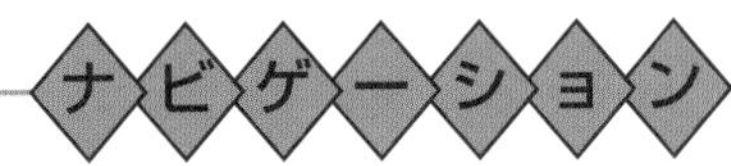

■安全衛生教育の種類

種類	内容	関係法令
①雇入れ時等の教育	労働者の雇入れ時、作業内容の変更時に実施	59条1項、2項 則35条
②特別の教育	危険又は有害な業務で、省令に定めるものに従事させるときに実施	59条3項 則36条
③職長等の教育	政令で定める業種※で、新たに職務についた職長、労働者を直接指導又は監督する者（作業主任者を除く）に対して実施	60条 令19条

※建設業・製造業（一部を除く）・電気業・食料品製造業等の業種

出題パターン

Q1 3か月以内の期間を定めて雇用する者については、危険又は有害な業務に従事する者を除き、雇入れ時の安全衛生教育を省略することができる。

Q2 通信業の事業場においては、「作業開始時の点検に関すること」についての教育を省略することができる。

Q3 病院など医療業の事業場においては、「作業開始時の点検に関すること」についての教育を省略することができる。

A1=× 雇入れ時の安全衛生教育の対象となる労働者は、常時使用する労働者だけではなく、3か月以内の期間を定めて雇用する者についても必要である。

A2=× 通信業の事業場においては、作業開始時の点検に関することについての教育を省略することができない（則35条1項4号、令2条2号）。

A3=× 法改正により、令和6.4.1から全業種で「作業手順に関すること」等含め、すべての教育項目を省略することが廃止された（則35条1項☆）。

1章 9

健康の保持・増進1

健康診断全般 ここを押さえる

●健康診断の実施義務

事業者は、労働者に対し、医師による健康診断を行わなければならない（66条1項）。実施が義務付けられている一般健康診断には、以下のものがある（則43条～45条の2、47条）。ナビも参照。

〈一般健康診断の種類〉

①雇入れ時の健康診断

②定期健康診断

③特定業務従事者の健康診断（「第2種」対象の深夜業含む）

④海外派遣労働者の健康診断

⑤給食従業員の検便

また、一般健康診断とは別に、特定化学物質や有機溶剤等有害な業務に従事する労働者に対して行う「特殊健康診断（じん肺健康診断、歯科医師による健康診断を含む）」がある。

●労働者の受診義務

労働者には、法66条の規定により、事業者が行う健康診断を受けなければならない義務がある。

ただし、**事業者の**指定した医師又は歯科医師が行う健康診断の**受診を希望しない場合**、他の医師又は歯科医師の行う健康診断を受け、その結果を証明する書面**を**事業者**に提出**したときは、この限りでない（66条5項、則50条）。

●診断項目の省略

定期健康診断の場合は、医師が必要でないと認める一定の項目について省略することができる（P.33参照）。

ただし、雇入れ時の健康診断においては**省略できる**とする**規定はない**。

●健康診断結果の通知

健康診断の結果については、一般健康診断、特殊健康診断の区分にかかわらず、健康診断を受けた労働者に対し、その結果を遅滞なく通知しなければならない（66条の6、則51条の4）。

●健康診断結果の記録の作成

事業者は、**一般健康診断**及び自発的健康診断（P.36参照）の結果に基づき、健康診断個人票を作成して、これを5年間保存しなければならない（66条の3、則51条）。

●健康診断の結果報告

常時50人以上の労働者を使用する事業者は、定期健康診断、特定業務（深夜業）従事者健康診断を行ったときは、遅滞なく、定期健康診断結果報告書を所轄労働基準監督署長に提出しなければならない（則52条）。「50人未満」は不要。

したがって、上記のうち一般健康診断の雇入れ時の健康診断、海外派遣労働者の健康診断、給食従業員の検便に関する健康診断結果報告は義務付けられていない。

①**事業者は、健康診断個人票を作成して、これを5年間保存しなければならない。**
②**常時50人以上の労働者を使用する事業者は、定期健康診断結果報告書を遅滞なく所轄労働基準監督署長に提出しなければならない。**
③**雇入れ時の健康診断、海外派遣労働者の健康診断、給食従業員の検便に関する健康診断結果報告は義務付けられていない。**

■一般健康診断の概要

健康診断の種類	対象となる労働者	実施時期	根拠法令
雇入れ時の健康診断	常時使用する労働者	雇入れの際	則43条
定期健康診断	常時使用する労働者（特定業務従事者を除く）※	1年以内ごとに1回	則44条

※深夜業に従事する労働者については、6か月以内ごとに1回、定期健康診断の実施義務がある（P.36参照）。

出題パターン

Q1 常時50人以上の労働者を使用する事業場であっても、雇入れ時の健康診断の結果については、所轄労働基準監督署長に報告する必要はない。

Q2 常時40人の労働者を使用する事業場において、定期健康診断の結果については、所轄労働基準監督署長に報告を行わなくてもよい。

Q3 定期健康診断を受けた労働者に対しては、異常の所見が認められなかった者を含め、遅滞なく、健康診断の結果を通知しなければならない。

A1=○ 雇入れ時の健康診断の結果については、所轄労働基準監督署長に報告する義務はない。提出義務があるのは定期健康診断結果報告書（則52条）である。

A2=○ 定期健康診断の結果について報告義務があるのは、常時50人以上の労働者を使用する事業場である（則52条）。40人であれば報告義務はない。

A3=○ 事業者は定期健康診断を受けた労働者に対し、遅滞なく、要再検査者・異常所見者に限らず、健康診断の結果を通知しなければならない（則51条の4）。

雇入れ時の健康診断 ここを押さえる

●雇入れ時の健康診断の対象者

事業者は、常時使用する労働者を雇い入れるときは、当該労働者に対し、以下で定める項目について医師による健康診断を行わなければならない（則43条）。

●雇入れ時の健康診断の検査項目

①既往歴及び業務歴の調査
②自覚症状及び他覚症状の有無の検査
③身長、体重、腹囲、視力及び聴力※1の検査
④胸部エックス線検査
⑤血圧の測定
⑥貧血検査※2
⑦肝機能検査※3
⑧血中脂質検査※4
⑨血糖検査
⑩尿検査※5
⑪心電図検査

※1：1,000Hz及び4,000Hz、※2：血色素量及び赤血球数、※3：AST（GOT）、ALT（GPT）、γ-GTP、※4：LDLコレステロール、HDLコレステロール、血清トリグリセライド、※5：尿中の糖及び蛋白の有無

●診断項目の省略規定

定期健康診断（P.32）の場合は、医師が必要でないと認める項目について省略することができるが、雇入れ時の健康診断にはそのような省略の規定はない。

ただし、健康診断を受けた後、3か月を経過しない者を雇い入れる場合、その者が当該健康診断の結果を証明する書面を提出したときは、当該健康診断の項目に相当する項目について省略が可能である（則43条）。

「常時使用する労働者」については、一定の条件を満たしたパートやアルバイトも該当する。原則、以下の①と②の両方を満たした者等が考えられている。

①期間に定めのない場合又はある場合でも、1年以上使用の予定がある者及び契約を更新して1年以上使用される者（特定業務従事者は6か月以上）。
②所定労働時間数が正社員の1週間の所定労働時間数の4分の3以上である者（平19.10.1基発1001016号）。

●満15歳以下の者の特例

健康診断を行おうとする年度において満15歳以下の年齢に達する者で、当該年度に健康診断を受けた者又は受けることが予定されている者については、雇入れ時の健康診断及び定期健康診断（P.32）を行わないことができる（則44条の2）。

この規定は、中学校新規卒業者の定期採用時における健康診断実施義務を免除したものである。

●記録の保存

雇入れ時の健康診断結果は健康診断個人票を作成し、5年間保存しなければならない（則51条）。所轄労働基準監督署長への結果報告義務はない。

①雇入れ時の健康診断は、常時使用する労働者を雇い入れるときに行わなければならない（則43条）。常時使用する労働者には、一定の条件を満たしたパートやアルバイトも含まれる。
②雇入れ時の健康診断には、定期健康診断のような、医師が必要でないと認める項目について省略できる規定はない 。
③ただし、健康診断を受けた後、３か月を経過しない者を雇い入れる場合、その者が当該健康診断の結果を証明する書面を提出したときは、当該健康診断の項目について省略が可能である。

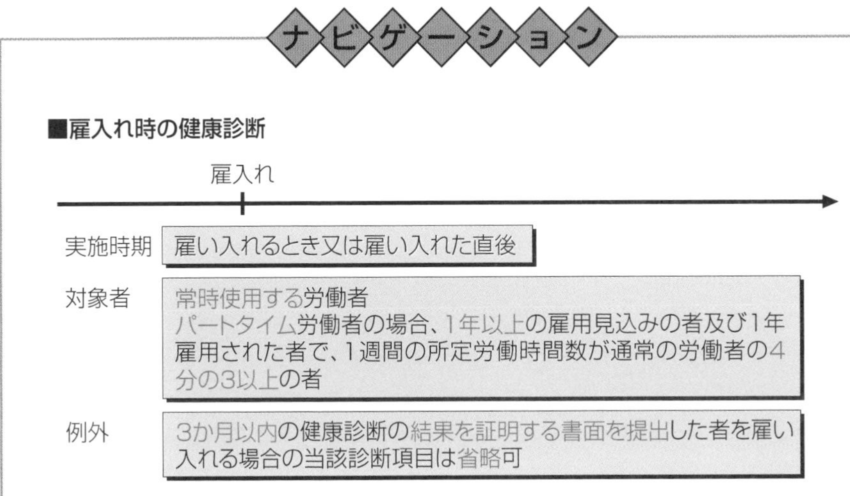

出題パターン

Q1 医師による健康診断を受けた後、３か月を経過しない者を雇い入れる場合、その健康診断の結果を証明する書面の提出があったときは、その健康診断の項目に相当する雇入れ時の健康診断の項目を省略することができる。

Q2 雇入時の健康診断では、40歳未満の者について医師が必要でないと認めるときは、貧血検査、肝機能検査等一定の検査項目を省略することができる。

A1=○ 医師による健康診断を受けた後、３か月を経過しない労働者を雇い入れる場合、健康診断の結果証明書を提出したときは、当該項目について健康診断を省略することができる（則43条）。

A2=× 雇入れ時の健康診断では、医師が必要でないと認める項目について省略できるとする規定はない。

1章 11

健康の保持・増進3

定期健康診断 ここを押さえる

●定期健康診断の対象者

事業者は、常時使用する労働者（特定業務従事労働者を除く）に対し、1年以内ごとに1回、定期に、以下の項目について医師による健康診断を行わなければならない（則44条1項）。

※常時使用する労働者：P.30参照。

●定期健康診断の検査項目

①既往歴及び業務歴の調査
②自覚症状及び他覚症状の有無の検査
③身長（※）、体重、腹囲（※）、視力及び聴力の検査
④胸部エックス線検査及び喀痰(かくたん)検査（※）
⑤血圧の測定
⑥貧血検査（※）
⑦肝機能検査（※）
⑧血中脂質検査（※）
⑨血糖検査（※）
⑩尿検査
⑪心電図検査（※）

検査項目には、かくたん（喀痰）検査が追加されているが、それ以外は雇入れ時の健康診断と同じである。血糖検査について、空腹時検査、随時検査に加え、ヘモグロビン検査を行った場合も血糖検査を実施したものとされる。

●健康診断項目の省略

定期健康診断については、上記の健康診断項目の※印について、それぞれの基準に基づき、医師が必要でないと認めるときは省略することができる（則44条2項）。ナビ参照。

なお、「医師が必要でないと認める」とは、自覚症状及び他覚症状、既往歴等を勘案し、医師が総合的に判断することをいう。

●健康診断の結果報告

常時50人以上の労働者を使用する事業者は、定期健康診断を行ったときは、遅滞なく、結果報告書を所轄労働基準監督署長に提出しなければならない（則52条）。

雇入れ時の健康診断、海外派遣労働者の健康診断、給食従業員の検便に関する報告義務がないのはP.28で解説のとおりである。

●健康診断の時間の扱い

一般健康診断は、事業者が実施を義務付けられているが、受診の時間については労使間の協議により定めるべきものである。ただし、労働者の健康の確保から、受診に要した時間の賃金を事業者が支払うことが望ましい（昭47.9.18基発602号）とされている。したがって、所定労働時間内であっても、賃金を支払わないことは違法ではない。

ただし、特殊健康診断については、原則、所定労働時間内に実施し、時間外であれば割増賃金を支払う必要がある。また、健康診断の費用は、「当然事業主が負担すべきものである」という通達（同基発602号）がある。

①事業者は、常時使用する労働者に対し、1年以内ごとに1回、定期に健康診断を行わなければならない。

②定期健康診断では、医師が必要でないと認めるときは一定の項目について省略することができる。

③常時50人以上の労働者を使用する事業者は、定期健康診断を行ったときは、遅滞なく、診断結果報告書を所轄労働基準監督署長に提出しなければならない。

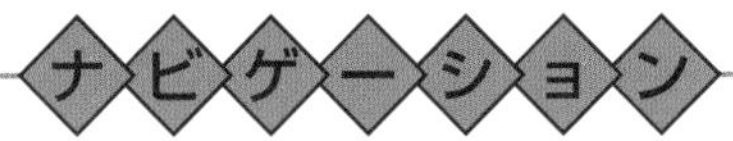

■健康診断項目の省略

医師が必要でないと認めるときに省略できる項目は以下のとおり（則44条2項）。

省略項目	省略可能対象者
身長	20歳以上の者
腹囲	1．40歳未満（35歳を除く）の者 2．妊娠中の女性その他の者であって、その腹囲が内臓脂肪の蓄積を反映していないと診断された者 3．BMIが20未満である者（BMIの計算方法はP.131参照） 4．自ら腹囲を測定し、BMIが22未満であり、その値を申告した者
かくたん検査	1．胸部エックス線検査で病変の発見されない者 2．胸部エックス線検査で結核発病のおそれがないと診断された者 3．胸部エックス線検査を省略した者
貧血検査、肝機能検査、血中脂質検査、血糖検査、心電図検査	40歳未満（35歳を除く）の者

※聴力検査の場合、45歳未満の者（35歳と40歳を除く）については、医師が適当と認める聴力の検査に代えることができる。

※胸部エックス線検査の場合、40歳未満の者（20歳、25歳、30歳及び35歳の者を除く）で、次のいずれにも該当しない者は省略することができる。①感染症法で結核の定期健康診断の対象とされている施設等で働く者、②じん肺法で3年に1回のじん肺健康診断の対象とされている者

出題パターン

Q 次の定期健康診断の項目のうち、厚生労働大臣が定める基準に基づき、医師が必要でないと認めるときに省略することができる項目に該当しないものはどれか。

（1）身長の検査　（2）血圧の測定　（3）貧血検査

（4）心電図検査　（5）血中脂質検査

A=（2）。定期健康診断では、医師が必要でないと認めるときに省略することができる一定の項目がある。（1）（3）（4）（5）の項目はいずれも省略項目に該当するが、（2）は省略できない診断項目である（則44条2項）。

その他の健康診断(1) ここを押さえる

●海外派遣労働者の健康診断

(1) 海外派遣時

事業者は、労働者を本邦外の地域に6か月以上派遣しようとするときは、あらかじめ、当該労働者に対し、定期健康診断の各項目及び医師が必要と認める以下の項目について、健康診断を行わなければならない(則45条の2第1項)。

①腹部画像検査
②血液中の尿酸の量の検査
③B型肝炎ウイルス抗体検査
④ABO式及びRh式の血液型検査

(2) 帰国時

事業者は、海外に6か月以上派遣した労働者を帰国させ、国内の業務に就かせるとき(一時的に就かせるときを除く)は、当該労働者に対し、定期健康診断の各項目及び医師が必要と認める以下の項目について、健康診断を行わなければならない(則45条の2第2項)。

①腹部画像検査
②血液中の尿酸の量の検査
③B型肝炎ウイルス抗体検査
(①～③は(1)と同じ)
④糞便塗抹検査

(3) 健康診断項目の省略

海外派遣労働者の健康診断は、雇入れ時の健康診断、定期健康診断等を受けた者については、当該健康診断の実施の日から6か月間に限り、その者が受けた当該健康診断の項目に相当する項目を省略して行うことができる(則45条の2第3項)。

また、前記(1)(2)の定期健康診断において、厚生労働大臣が定める基準に基づき、医師が必要でないと認める項目(身長、かくたんの検査)についても省略することができる(則45条の2第4項)。

(4) 健康診断結果の記録の作成

事業者は、海外派遣労働者の健康診断の結果に基づき、健康診断個人票を作成して、これを5年間保存しなければならない(則51条)。

●給食従業員の健康診断

〈給食従業員の検便〉

事業者は、事業に附属する食堂又は炊事場における給食の業務に従事する労働者に対し、その雇入れの際又は当該業務への配置替えの際、検便による健康診断を行わなければならない(則47条)。

大量調理施設衛生管理マニュアル※は、調理従事者等は定期的な健康診断及び月に1回以上の検便を受けることとしている(平9.3.24衛食85号)。

※大量調理施設衛生管理マニュアル：同一メニューを1回300食以上又は1日750食以上提供する調理施設に適用される。

①海外派遣労働者の健康診断は、6か月以上派遣しようとするとき及び6か月以上派遣して帰国させ国内の業務に就かせるとき、一定の項目について行わなければならない。
②給食の業務に従事する労働者に対し、雇入れの際又は当該業務への配置替えの際、検便による健康診断を行わなければならない。

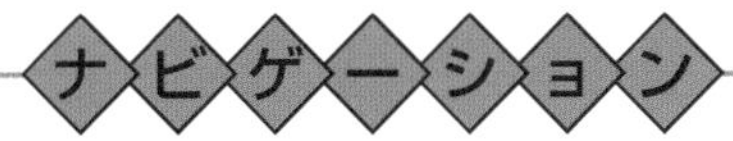

■**派遣労働者の健康診断に係る留意事項**

・一般健康診断は派遣元事業者（以下、派遣元）が行い、特殊健康診断は派遣先事業者（以下、派遣先）が行う。
・一般健康診断結果は派遣元が取り扱うべきものとして、派遣先は結果を把握しないようにする。
・**派遣先は**、派遣元が**診断結果について医師からの意見聴取**が適切にできるよう、労働時間に加え、勤務状況等の情報を提供するよう**依頼（労働者の同意が必要）があった場合、必要な情報を提供**する。
・**労働者の就業上の措置**については、**派遣先は派遣元の要請（労働者の同意が必要）に協力**する。

出題パターン

Q1 海外に6か月以上派遣して帰国した労働者について、国内の業務に就かせるときには、一時的な就業の場合を除いて、海外派遣労働者健康診断を行う。

Q2 事業者は、海外派遣労働者の健康診断の結果に基づき、健康診断個人票を作成して、これを3年間保存しなければならない。

A1=○ 事業者は、海外に6か月以上派遣した労働者を帰国させ、国内の業務に就かせるとき（一時的に就かせるときを除く）は、当該労働者に対し、定期健康診断の各項目及び医師が必要と認める次の項目について、健康診断を行わなければならない（則45条の2第2項）。
①腹部画像検査、②血液中の尿酸の量の検査、③B型肝炎ウイルス抗体検査、④糞便塗抹検査。

A2=× 事業者は、海外派遣労働者の健康診断の結果に基づき、健康診断個人票を作成して、これを5年間保存しなければならない（則51条）。

その他の健康診断(2) ここを押さえる

●深夜業労働者の健康診断

一般健康診断には、特定業務（多量の高熱物体を取り扱う業務等）の健康診断が含まれるが、第2種衛生管理者には、この中で「深夜業」が対象となる。

深夜業に従事する労働者に対しては、当該業務への配置替えの際及び6か月以内ごとに1回、定期に、定期健康診断を行わなければならない。

ただし、胸部エックス線検査及びかくたん検査については、1年以内ごとに1回、定期に行えば足りるとされている（則13条1項3号ヌ、45条1項）。

（1）定期健康診断項目の省略

健康診断（定期のものに限る）は、前回の健康診断で「貧血・肝機能・血中脂質・血糖各検査及び心電図検査」の項目を受診した労働者については、医師が必要でないと認めるときは、当該項目の全部又は一部を省略して行うことができる（則45条2項）。

（2）自発的健康診断

深夜業（午後10時～午前5時まで又は午後11時～午前6時までの業務）に従事する労働者で、その深夜業の回数等が以下の要件に該当するものは、自ら受けた健康診断の結果を証明する書面を事業者に提出することができる（66条の2）。

この規定は、深夜業に従事する労働者で、①自己の健康状態に不安を感じる者が、②自らの判断で受診した健康診断の結果を事業者に提出することで、③事業者に事後措置等を講ずることを義務付け、労働者の健康障害を未然に防止するためである。

（3）深夜業の要件に該当する労働者

自発的健康診断の結果証明書を事業者に提出できる者は、常時使用される労働者であり、健康診断を受けた日以前の6か月間を平均して1か月当たり4回以上深夜業に従事した者である（則50条の2）。

（4）書面提出の効力期間

自発的健康診断の結果証明書の提出は、当該健康診断を受けた日から3か月を経過しないものとされる（則50条の3）。

●情報機器作業従事者の健康診断

情報機器作業の従事者については、作業の種類及び作業時間に応じ、配置前健康診断を実施する。

その後1年以内ごとに1回、定期健康診断を行わなければならない（情報機器作業における労働衛生管理のためのガイドラインについて・令元.7.12基発0712第3号）。

配置前健康診断では、作業区分に応じて、①業務歴・既往歴の調査、②自覚症状の有無の調査、③眼科学的検査、④筋骨格系検査が行われるが、一般の定期健康診断と併せて実施してもよい（P.100参照）。

①深夜業従事の労働者に対しては、配置替えの際及び6か月以内ごとに1回、定期健康診断を行わなければならない。ただし、胸部エックス線検査及びかくたん検査は、1年以内ごとに1回でよい。
②6か月間を平均して1か月当たり4回以上深夜業に従事した者は、自ら受けた健康診断の結果を証明する書面を事業者に提出することができる。

■自発的健康診断のまとめ

深夜業に従事する労働者で、自己の健康に不安を感じる者が、自らの判断で受診した健康診断の結果を事業者に提出した場合、事業者が事後措置等を講ずることが義務付けられている。

①自発的健康診断の項目は、定期健康診断と同じ。
②自発的健康診断の結果を提出できる労働者は、常時使用される労働者で、健康診断を受けた日以前**6か月間を平均**して1か月当たり**4回**以上深夜業に従事した者。
③「**6か月**以内ごとに1回の定期健康診断」が対象となる。
④健康診断結果証明書は、受診日から**3か月**以内に提出義務がある。
⑤自発的健康診断の結果を提出できる労働者は、特定業務従事者の健康診断対象となる。
⑥**胸部エックス線**検査及び**かくたん**検査は**1年**以内ごとに1回でよい。

出題パターン

Q1 深夜業を含む業務に常時従事する労働者に対し、6か月以内ごとに1回、定期に健康診断を行うが、胸部エックス線検査については、1年以内ごとに1回行えばよい。

Q2 定期健康診断の項目のうち自覚症状及び他覚症状の有無の検査については、医師が必要でないと認めるときは、省略することができる。

A1=○ 深夜業従事者の定期健康診断は、配置替えの際及び6か月以内ごとに1回、定期に、行う必要があるが、胸部エックス線検査（及びかくたん検査）については、1年以内ごとに1回行えばよい（則45条1項）。

A2=× 自覚症状及び他覚症状の有無の検査については、医師が必要でないと認める項目（則44条1項2号・2項）に該当しないので省略できない。

健康診断実施後の措置等 ここを押さえる

●医師等からの意見聴取

事業者は、健康診断（一般健康診断及び特殊健康診断）の結果、異常があると診断された労働者について、当該労働者の健康を保持する措置に関し、健康診断実施後3か月以内に医師等の意見を聴かなければならない。医師等の意見は、健康診断個人票に記録しておかなければならない（66条の4、則51条の2）。

また、事業者は、医師等から意見聴取を行う上で、必要となる労働者の業務に関する情報を求められたときは、速やかに、これを提供しなければならない。

●健康診断実施後の措置

事業者は、医師等の意見を勘案し、必要があると認めるときは、当該労働者の実情を考慮して、就業場所の変更、作業転換、労働時間の短縮等の措置を講ずるほか、次の措置を講じなければならない（66条の5第1項）。

①作業環境測定の実施
②施設又は設備の設置・整備
③医師等の意見を衛生委員会等へ報告
④産業医を選任した場合は、産業医に報告（則14条の2）

●健康診断の結果の通知

事業者は、健康診断（一般健康診断及び特殊健康診断）を受けた労働者に対しては、遅滞なく、当該健康診断の結果を通知しなければならない（66条の6）。

●保健指導等

一般健康診断の結果、特に健康の保持に努める必要があると認める労働者に対しては、医師又は保健師による保健指導を行うように努めなければならない（66条の7）。

（保健指導の内容）

- 栄養指導：必要とされる者に対して、栄養の摂取量から食習慣の改善。
- 運動指導：必要とされる者に対して、個々の生活状況、身体活動レベル、趣味等を考慮し、効果的で実践的な指導を行う。
- 生活指導：勤務形態や生活習慣が原因と考えられる健康上の問題を解決するため、睡眠・喫煙・飲酒等健康的な生活への指導・教育を職場活動を通じて行う。

●健康診断の結果の記録

事業者は、健康診断の結果に基づき、医師等の意見を記載した健康診断個人票を作成して、これを5年間保存しなければならない（66条の3、則51条）。

●面接指導

健康診断実施後の措置として行われる医師等の保健指導とは別に、「長時間労働」、「ストレスチェック」を対象とした医師等の指導に、面接指導の制度がある（詳細はP.40～43）。

①事業者は、健康診断の結果、異常があると診断された労働者について、当該労働者の健康を保持する措置に関し医師等の意見を聴かなければならない。
②一般健康診断の結果、特に健康の保持に努める必要があると認める労働者に対しては、医師又は保健師による保健指導を行うように努めなければならない。

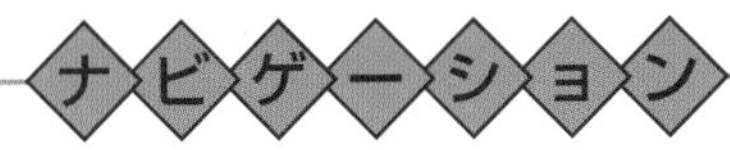

■健康診断実施後の事業者の取組事項

①健康診断結果の記録
　健康診断個人票を５年間保存（66条の３、則51条）
②結果について医師等から意見聴取
　健康診断実施後３か月以内（66条の４、則51条の２）
③事業者の措置
　就業場所の変更、作業転換、労働時間の短縮等（66条の５）
④健康診断の結果通知
　遅滞なく労働者へ通知（66条の６、則51条の４）
⑤健康診断の結果に基づく保健指導
　医師又は保健師による（66条の７）
⑥所轄労働基準監督署長へ結果報告
　労働者50人以上を使用する事業者は遅滞なく報告する（100条、則52条）

出題パターン

Q1 定期健康診断の項目に異常の所見があると診断された労働者については、その結果に基づき、健康診断が行われた日から３月以内に、健康の保持のために必要な措置について医師の意見を聴かなければならない。

Q2 雇入時の健康診断の結果に基づき健康診断個人票を作成し、５年間保存しなければならない。

A1=○ 定期健康診断の結果、事業者が医師から行う意見聴取は３か月以内に行わなければならない（則51条の２第１項）。

A2=○ 事業者は、一般健康診断の結果に基づき、健康診断個人票を作成して５年間保存しなければならない（66条の３、則51条）。

1章 15

医師の面接指導1

長時間労働 ここを押さえる

●面接指導の対象となる労働者の要件

すべての事業場の事業者は、労働時間の状況その他の事項が、以下の①②の要件に該当する労働者に対し、医師による面接指導を行わなければならない（66条の8第1項）。

①休憩時間を除き1週間当たり40時間を超えて労働させた場合、その超えた時間が1か月当たり80時間を超え、かつ、疲労の蓄積が認められる者であること。

ただし、1か月以内に面接指導を受けた者等で、医師が必要でないと認める者は除かれる（66条の8第1項、則52条の2第1項）。

事業者は、①の超えた時間（以下、長時間労働）の算定は毎月1回以上、一定の期日に行わなければならない（則52条の2第2項）。このため、事業者はタイムカード・電算機等の客観的な記録で労働時間の状況を把握し、この記録を3年間保存しなければならない（66条の8の3、則52条の7の3）。

◆情報の提供

①のとおり「長時間労働」の算定を行った事業者は、速やかに、1か月当たり80時間を超えた労働者に情報を通知し（則52条の2第3項）、該当する労働者に関する情報を産業医に提供しなければならない。

②事業者は、労働者から面接指導の申出があれば、遅滞なく、行わなければならない（則52条の3第1項、3項）。

申出を行った労働者は、面接指導を受ける義務がある。ただし、事業者の指定した医師の面接指導を希望しない場合は、他の医師の面接指導を受け、その結果を証明する書面を事業者に提出することができる（66条の8第2項、則52条の5）。

よって、面接指導を行う医師は、事業場に専属の産業医である必要はない。

●面接指導を行う医師の勧奨

産業医は、①に該当する労働者に対して、申出を行うよう勧奨することができる（則52条の3第4項）。

●意見聴取

事業者は、面接指導の結果に基づき、遅滞なく、医師からの意見聴取を行わなければならない（66条の8第4項、則52条の7）。

事業者は、医師の意見を勘案し、労働者への適切な措置及び衛生委員会等へ医師の意見の報告その他適切な措置を講じなければならない（66条の8第5項）。

●面接指導結果の記録の作成

事業者は、面接指導の結果の記録を作成し、医師の意見を記載し、これを5年間保存しなければならない（66条の8第3項、則52条の6）。

①面接指導の対象は、休憩時間を除き1週間当たり40時間を超えて労働させた場合、その超えた時間が1か月当たり80時間を超え、かつ、疲労の蓄積が認められる者である。
②事業者は、労働者から面接指導の申出があれば、遅滞なく、行わなければならない。
③事業者は、面接指導の結果に基づき、当該労働者の健康を保持するために必要な措置について、遅滞なく、医師からの意見聴取を行わなければならない。

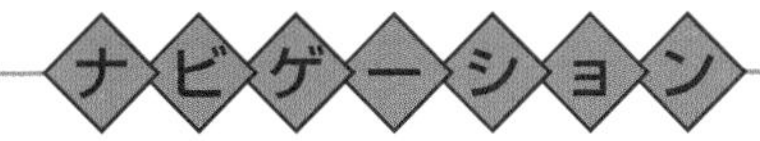

■面接指導要件「80時間」の適用外

新たな技術、商品又は役務の研究開発に係る業務等の高度プロフェッショナル制度の労働者についての面接指導要件は、「休憩時間を除き1週間当たり40時間を超えて労働させた場合におけるその超えた時間について1か月当たり100時間を超え、かつ、疲労の蓄積が認められる者」とする（66条の8の4第1項、則52条の7の4第1項）。

出題パターン

Q1 面接指導の対象となる労働者の要件は、原則として、休憩時間を除き、1週間当たり40時間を超えて労働させた場合におけるその超えた時間が1か月当たり120時間を超え、かつ、疲労の蓄積が認められることである。

Q2 面接指導を行う医師として事業者が指定することのできる医師は、当該事業場の産業医に限られる。

Q3 事業者は、面接指導の結果に基づき、労働者の健康を保持するため必要な措置について、面接指導実施日から3か月以内に、医師の意見を聴かなければならない。

A1＝×　面接指導の要件は、休憩時間を除き1週間当たり40時間を超えて労働させた場合におけるその超えた時間が1か月当たり80時間を超え、かつ、疲労の蓄積が認められる者である（66条の8第1項、則52条の2第1項）。

A2＝×　面接指導の医師は、事業者の指定した医師に限定されない（66条の8第2項）。

A3＝×　医師からの意見聴取は、遅滞なく行う（平27.5.1基発0501第3号）。

医師の面接指導2

ストレスチェック ここを押さえる

ストレスチェック制度は、労働者のストレスの状況について検査を行い、メンタルヘルス不調のリスクを未然に防止することにある。

●ストレスチェックの実施

事業者は、常時使用する労働者に対し、1年以内ごとに1回、定期に、医師、保健師その他の省令で定める者※(以下「医師等」)による心理的な負担の程度を把握するための検査(以下「検査」=ストレスチェック)を行わなければならない(66条の10第1項、則52条の9、52条の10)。従業員数50人未満の事業場については当分の間努力義務とされている。

事業者は、健康診断(66条1項)の「自覚症状及び他覚症状の有無の検査(問診)」と同時にストレスチェックを実施できる(ストレスチェック指針)。

※省令で定める者：厚生労働大臣が定める研修を修了した看護師又は精神保健福祉士、歯科医師、公認心理師。

検査を受ける労働者について解雇、昇進又は異動に関して直接の権限を持つ監督的地位にある者は、検査の実施事務に従事してはならない(則52条の10第2項)。

●高ストレス者の判定と面接指導の要件

検査は調査票で、①ストレスの原因、②心身の自覚症状、③周囲のサポートの3つの領域に関する項目で行う。

検査の結果、医師等が面接指導を受ける必要がある(労働者に義務はない)と認めた者は、高ストレス者(①～③のいずれかの内容で評価点が高い者)である。

●労働者への通知

事業者は、検査を受けた労働者に対し、医師等から検査の結果を直接通知させる。医師等は、検査の結果を労働者の同意を得ず事業者に提供してはならない(66条の10第2項)。

●面接指導の実施

事業者は、要件に該当する労働者が、医師による面接指導を受けることを申し出た場合、遅滞なく、面接指導を行わなければならない(66条の10第3項)。

●意見聴取と措置

面接指導の結果に基づく医師からの意見聴取は、面接指導後、遅滞なく行い(66条の10第5項、則52条の19)、意見を勘案し、労働者の実情に合わせた就業場所の変更、作業の転換、労働時間の短縮、深夜業の回数の減少等の措置を講ずる。衛生委員会等に対して医師の意見の報告なども行う(66条の10第6項)。

●記録の作成・報告

事業者は、医師等から労働者の同意を得て提供を受けた検査結果につき、記録を作成して5年間保存しなければならない(66条の10第4項、則52条の13第2項)。また、検査結果等報告書は、所轄労働基準監督署長に提出義務がある(則52条の21)。

①心理的な負担の程度を把握するための検査（ストレスチェック）は、「1年以内ごとに1回、定期に」が義務付けられている。なお、1年以内ごとに複数回実施しても差し支えないが、時期や頻度は、衛生委員会の調査審議により行うことが望ましい。
②検査は、①ストレスの原因、②心身の自覚症状、③周囲のサポートの3つの領域に関する項目で行う。

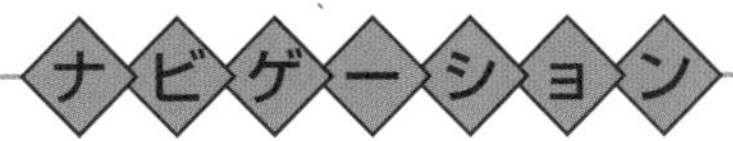

■派遣労働者のストレスチェック実施義務等（ストレスチェック指針）

・ストレスチェック及び面接指導については、**派遣元事業者**（以下、派遣元）が行う（66条の10）。
・派遣先事業者（以下、派遣先）は、派遣労働者（以下、労働者）に対して必要な配慮をする。
・派遣先は、**派遣元から依頼**※があった場合は、面接指導を適切に行えるよう、労働時間等の情報について、必要な**情報を提供**する。
・派遣元は**面接指導の結果**、医師の意見を勘案して労働者に就業上の措置を講じるために、**派遣先の協力**を要請※する。

（派遣先による不利益な取扱いの禁止）
・派遣元からの要請を理由に、労働者の変更が必要となる場合は適切に対応すること。
・派遣元から提供※されたストレスチェックの結果又は面接指導の結果を理由として、労働者の変更が必要となる場合は適切に対応すること。

※労働者の同意が必要。

出題パターン

Q1 すべての事業者は、常時使用労働者に対し1年以内ごとに1回、定期にストレスチェックを行わなければならない。

Q2 事業者は、ストレスチェックの結果、心理的な負担程度が高い労働者全員に対し、医師による面接指導を行わなければならない。

A1=× 当分の間、労働者数50人未満の事業場については、ストレスチェックの実施義務が猶予され、努力義務となっている（安衛法附則4条）。

A2=× 心理的な負担の程度を把握するための検査等に係る面接指導は、ストレスチェックの結果、ストレスの程度が高い者とされた労働者から申出があった場合に行う（則52条の16）。

1章 17

衛生基準1

気積及び換気 ここを押さえる

●適用

気積、温度等については、安衛則、事務所則に屋内作業場全般に関する規定が設けられている。

●気積

事業者は、労働者を常時就業させる屋内作業場の気積を、設備の占める容積及び床面から4mを超える高さにある空間を除き、労働者1人について10m³（立方メートル）以上としなければならない（則600条）。

常時50人の労働者を就業させている屋内作業場では、50×10m³=500m³以上必要ということである。

●気積の求め方

気積は、次の計算式によって求められる。

> 気積＝間口×奥行×高さ※ー設備の容積
> ※天井までの高さが4mを超えるときは4mとする。

基準気積（労働者1人当たりの気積）は10m³であるから、就労可能労働者数は次の計算式によって求められる。

> 就労可能労働者数※＝気積÷10
> ※小数点以下切り捨て

●換気

事業者は、労働者を常時就業させる屋内作業場においては、窓その他の開口部の直接外気に向かって開放することができる部分の面積が、常時床面積の20分の1以上になるようにしなければならない（事務所則3条1項）。

ただし、換気が十分に行われる性能を有する設備を設けたときは、適用されない（則601条1項但書）。

事業者は、屋内作業場の気温が10℃以下であるときは、換気に際し、労働者を毎秒1m以上の気流にさらしてはならない（同2項）。

●空気調和設備等による調整

事業者は、空気調和設備又は機械換気設備を設けている場合は、室に供給される空気が次の表に適合するように、当該設備を調整しなければならない（事務所則5条）。

項　目	調整基準値
空気中の浮遊粉じん量	0.15mg/m³以下
一酸化炭素含有率	100万分の10以下
二酸化炭素（炭酸ガス）含有率	100万分の1000以下
ホルムアルデヒド量	0.1mg/m³以下
室内の気流	毎秒0.5m以下
室内の気温（努力目標）	18℃以上28℃以下
相対湿度（努力目標）	40％以上70％以下

①気積は、労働者１人について10m³以上必要である。
②気積を求めるときは、設備の占める容積及び床面から４ｍを超える高さの空間を除いて計算する。
③窓その他の直接外気に向かって開放することができる部分の面積は、常時床面積の20分の１以上必要である。

ナビゲーション

■気積の求め方

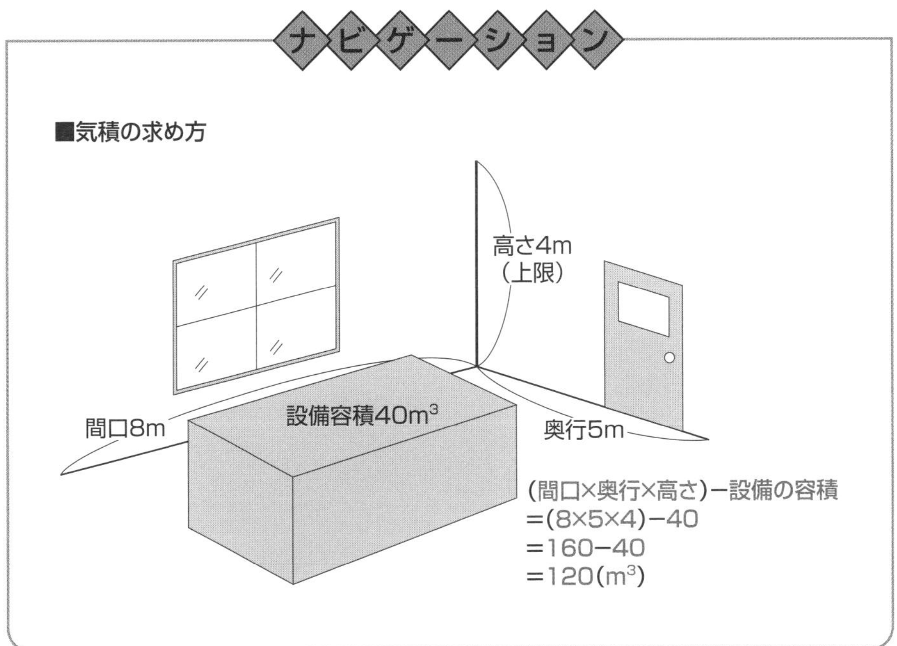

出題パターン

Q1 常時50人の労働者を就業させている屋内作業場の気積は、設備の占める容積及び床面から４ｍを超える高さにある空間を除き600m³あればよい。

Q2 60人の労働者を常時就業させている屋内作業場の気積は、設備の占める容積及び床面から３ｍを超える高さにある空間を除き600m³あればよい。

A1=○ 気積は設備の占める容積及び床面から４ｍを超える高さにある空間を除き、労働者１人について10m³以上（則600条）だが、50人であれば500m³以上で基準を満たしている。

A2=○「床面から３ｍ」ということは、基準の４ｍより厳しい気積だが、労働者60人に600m³であれば基準を満たす。

採光及び照明 ここを押さえる

●視環境

人体に影響を与える環境の要素として、明るさ、色彩、眩輝（げんき）（グレア）などがある。快適な視環境の形成には以下が必要である。

①作業場所の明るさ（照度）が適当であること。

②光の方向が適当であること（逆光にならない）。

③光の色（色彩）が適当であること。

●照度

人間の眼は、虹彩（こうさい）と網膜で視覚を調節し、明るさの変化に順応できる仕組みとなっている。そのため、労働者を常時就業させる場所の作業面の照度を作業内容の区分に応じて次の基準に適合させなければならないとしている（則604条）。

①**精密な作業**：300ルクス以上

②**普通の作業**：150ルクス以上

③**粗な作業**：70ルクス以上

●色彩

作業場の色彩の違いは、人体に影響を及ぼす。同じ作業でも、周囲の色彩が淡い色だと疲れが少ないが、鮮やかな赤は疲労を増幅させることが知られている。

●照明

採光は自然光を取り入れることであり、照明は人工の光を光源にしている。照明には次の４種類がある。

①**直接照明**：作業面に光が直接当たり強い影ができる。

②**間接照明**：光を壁や天井に反射させる。事務作業に適する。

③**局部照明**：局部的に光を当てる。明るい照度を必要とする精密作業に適する。

④**全般照明**：作業場全体を照明する。あまり照度を必要としない作業に適する。局部照明と併用する場合、全般照明の照度は局部照明の10%以上とする。

●照明の必要要件

照明に求められる要件として、次の４つがある。

①適当な照度を有し、眩輝を起こさないこと、②作業面の明るさと周囲の明るさに極端な格差がないこと、③光源が固定され、ゆれ動かないこと、④複数の光源を用い、強い影を作らないこと。

●光の方向

光がくる方向（前方から明かりを取るとき）は、手元がよく見え、直接眼に当たらないように、眼と光源を結ぶ線と視線が作る角度が30度以上となるようにする。

また、**四方**から同じ明るさがくると立体感が**なくなり**、適当でない。

●照明設備の点検

照明設備の点検は、６か月以内ごとに１回、定期に行わなければならない（則605条２項）。

①作業面の照度は、精密な作業300ルクス以上、普通の作業150ルクス以上、粗な作業70ルクス以上である。
②全般照明と局部照明を併用する場合、全般照明の照度は局部照明の10%以上とする。
③照明設備の点検は、6か月以内ごとに1回、定期に行わなければならない。

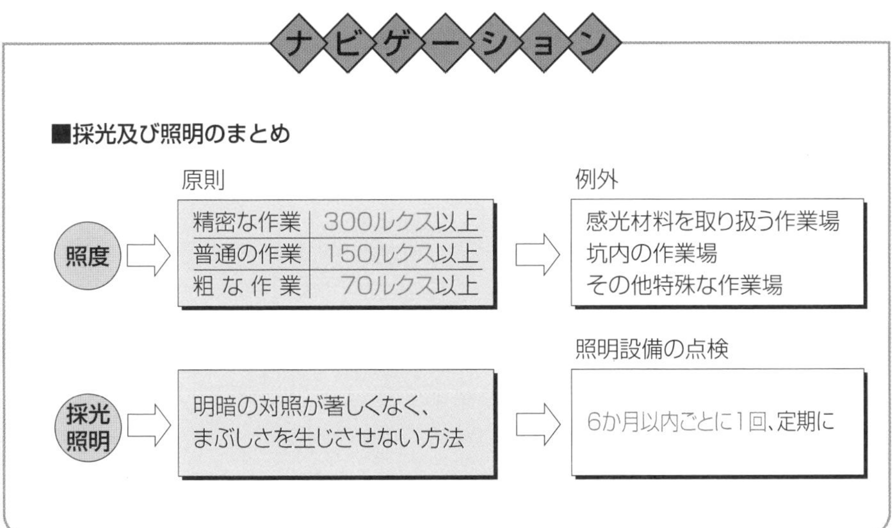

出題パターン

Q1 労働者を常時就業させる場所の照明設備について、6か月ごとに1回、定期に、点検を行わなければならない。

Q2 労働者を常時就業させる場所の作業面の照度を、精密な作業については350ルクス、粗な作業については150ルクスとしている。

Q3 事務室の照明設備については、2か月以内ごとに1回、定期に、点検しなければならない。

A1=○ 照明設備については、6か月以内ごとに1回、定期に、点検すればよい（則605条2項）。

A2=○ 作業面の照度は、精密な作業は300ルクス以上、粗な作業は70ルクス以上（則604条）なので基準を満たす。

A3=× **A1**参照。

1章 19

衛生基準3

休養 ここを押さえる

労働者が1日6時間を超える労働をする場合、一定の休憩時間を与えなければならない（P.72参照）。このための「休憩の設備」は事業者に義務付けられていないが、「休養に必要な措置」は法的に義務付けられている。

●休憩設備

事業者は、労働者が有効に利用することができる休憩の設備を設けるように努めなければならない（則613条）。

これは事業者の努力義務であるから、必ず設けなければならないというわけではない。

●休養室又は休養所

事業者は、常時50人以上又は常時女性30人以上の労働者を使用するときは、労働者が臥床（がしょう）することができる休養室※又は休養所を、男性用と女性用に区別して設けなければならない（則618条）。

男女合わせて常時50人以上であれば、例えば、女性労働者が2～3人の場合であっても、区別して設けなければならないことになる。

※休養室：ベッドなどが備えられ、労働者が急に具合が悪くなったりした際、横になることができる部屋である。

●立業のための椅子

事業者は、持続的立業に従事する労働者がしばしば座ることができる機会があるときは、当該労働者が利用することのできる椅子を備えなければならない（則615条）。

●睡眠又は仮眠の設備

事業者は、夜間に労働者に睡眠を与える必要があるとき、又は労働者が就業の途中に仮眠することができる機会があるときは、適当な睡眠又は仮眠の場所を男性用と女性用に区別して設けなければならない（則616条1項）。

睡眠又は仮眠の設備は、使用する労働者数にかかわらず区別して設ける必要がある。

睡眠又は仮眠の場所には、寝具、かや、その他必要な用品を備え、かつ、疾病感染を予防する措置を講じなければならない（同2項）。

●発汗作業に関する措置

事業者は、多量の発汗を伴う作業場においては、労働者に与えるために塩及び飲料水を備えなければならない（則617条）。

●その他

労働者の疲労の回復を図るため、厚生労働省の指針では、①職場における疲労やストレス等に関する相談窓口を設けること、②運動施設の設置、敷地内に緑地を設けること、などを掲げている（平4.7.1労告59号）。

①事業者は、常時50人以上又は常時女性30人以上の労働者を使用するときは、労働者が臥床することができる休養室又は休養所を、男性用と女性用に区別して設けなければならない。
②睡眠又は仮眠の場所を設けるときは、男性用と女性用に区別して設けなければならない。

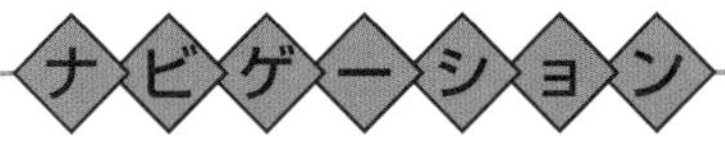

■休養室の設置

常時使用労働者数		男女別休養室設置義務
男性·女性合計して50人以上	➡	あり
男性30人以上（男女計50人未満）	➡	なし
女性30人以上	➡	あり

出題パターン

Q1 男性20人、女性25人の労働者を常時使用している事業場で、労働者が臥床することのできる休養室又は休養所を、男性用と女性用に区別して設けていない。

Q2 男性５人と女性55人の労働者を常時使用している事業場で、女性用には臥床できる休養室を設けるが、男性用には休養室や休養所を設けなくてもよい。

Q3 常時男性５人と女性25人の労働者が就業している事業場で、女性用の臥床できる休養室を設けているが、男性用には、休養室の代わりに休憩設備を利用させている。

A1=○ 男女50人以上又は女性30人以上の事業場では、休養室又は休養所を男性用と女性用に区別して設けなければならない（則618条）が、男性20人と女性25人であれば、区別して設ける必要はない。

A2=× 男女50人以上又は女性30人以上であれば、休養室又は休養所を男性用と女性用に区別して設けなければならない。

A3=○ 男女50人以上又は女性30人以上の事業場では、休養室又は休養所を男性用と女性用に区別して設けなければならないが、常時30人又は女性25人なので、いずれの要件にも該当しない。したがって、男性に休養室の代わりに休憩設備を利用させることは問題がない。

1章 20

清潔 ここを押さえる

●清掃等の実施

事業者は、ねずみ・昆虫等による被害状況を6か月以内ごとに1回、定期に統一的に調査し、その発生を防止する措置を講じなければならない（則619条）。

●労働者の清潔保持義務

労働者は、作業場の清潔保持に注意し、廃棄物を定められた場所以外の場所に捨てないようにしなければならない（則620条）。大掃除は6か月以内ごとに1回行う。

●汚染床等の洗浄

事業者は、有害物、腐敗しやすい物又は悪臭のある物による汚染のおそれがある床及び周壁を必要に応じ洗浄しなければならない（則622条）。

●床の構造等

事業者は、水その他の液体を多量に使用することにより湿潤のおそれがある作業場の床及び周壁を不浸透性の材料で塗装し、かつ、排水に便利な構造としなければならない（則623条）。

●洗浄設備等

事業者は、身体又は被服を汚染するおそれがある業務に労働者を従事させるときは、洗眼、洗身若しくはうがいの設備、更衣設備又は洗濯の設備を設けなければならない。これらの設備には、それぞれ必要な用具を備えなければならない（則625条）。

●被服の乾燥設備

事業者は、労働者の被服が著しく湿潤する作業場においては、被服の乾燥設備を設けなければならない（則626条）。

●給水

事業者は、労働者の飲用に供する水その他の飲料を十分供給するようにしなければならない（則627条1項）。

●便所

事業者は、次に定めるところにより便所を設けなければならない（則628条）。

①男性用と女性用に区別すること。
②男性用大便所の便房の数は、同時に就業する男性労働者60人以内ごとに1個以上とすること。
③男性用小便所の箇所数は、同時に就業する男性労働者30人以内ごとに1個以上とすること。
④女性用便所の便房の数は、同時に就業する女性労働者20人以内ごとに1個以上とすること。
⑤便池は汚物が土中に浸透しない構造とすること。
⑥流出する清浄な水を十分に供給する手洗い設備を設けること。

事業者は、便所及び便器を清潔に保ち、汚物を適当に処理しなければならない。

①ねずみ・昆虫等による被害状況を6か月以内ごとに1回、定期に統一的に調査し、その発生を防止する措置を講じなければならない。
②男性用大便所の便房数は60人以内ごとに1個以上、小便所の箇所数は30人以内ごとに1個以上設けなければならない。
③女性用便所の便房数は20人以内ごとに1個以上設けなければならない。

ナビゲーション

■清潔の保持等

清潔
- 清掃等（則619条）— ねずみ・昆虫等の防除を6か月以内ごとに1回
- 汚染床等の洗浄（則622条）— 有害物・腐敗しやすい物・悪臭のある物による汚染のおそれがある床・周壁
- 床の構造等（則623条）— 多量の水等を使用する場合、不浸透性材料塗装等
- 洗浄設備等（則625条）— 身体・被服を汚染するおそれがある業務
- 乾燥設備（則626条）— 被服が著しく湿潤する作業場
- 給水（則627条）— 十分な飲料を供給
- 便所（則628条）— 設置数
  - 男性用(大)60人以内ごとに1個以上
  - 男性用(小)30人以内ごとに1個以上
  - 女性用20人以内ごとに1個以上

出題パターン

Q1 ねずみ、昆虫等の発生場所、生息場所及び侵入経路並びにねずみ、昆虫等による被害の状況について、6か月以内ごとに1回、定期に、統一的に調査を実施し、その調査結果に基づき必要な措置を講じる。

Q2 日常行う清掃のほか、1年ごとに1回、定期的に大掃除を行う。

A1=○ 則619条2号のとおり、記述は正しい。

A2=× 大掃除は、6か月以内ごとに1回、定期に行うこととされている（則619条1号）。

1章 21 衛生基準5

食堂及び炊事場 ここを押さえる

●食堂及び炊事場

事業者は、有害作業場においては、作業場外に適当な食事の設備を設けなければならない（事業場内で食事をしないときを除く）（則629条）。

事業場に附属する食堂又は炊事場については、次に定めるところによらなければならない（則630条）。

①食堂と炊事場は区別して設け、採光及び換気が十分であって、掃除に便利な構造とすること。

②**食堂**の床面積は、食事の際の1人について1m²以上とすること。

③食堂には、食卓及び労働者が食事をするための椅子を設けること（椅子については座食の場合を除く）。

④便所及び廃物だめから適当な距離がある場所に設けること。

⑤食器、食品材料等の消毒の設備を設けること。

⑥食器、食品材料及び調味料の保存のために適切な設備を設けること。

⑦はえその他の昆虫、ねずみ、犬、猫等の害を防ぐための設備を設けること。

⑧飲用及び洗浄のために、清浄な水を十分に備えること。

⑨炊事場の床は不浸透性の材料で造り、かつ、洗浄及び排水に便利な構造とすること。

⑩汚水・廃物は炊事場外において露出しないように処理し、沈でん槽（そう）を設けて排出する等有害とならないようにすること。

⑪**炊事従業員**には、専用の休憩室**及び**便所を設けること。

⑫炊事従業員には、炊事に不適当な伝染性の疾病にかかっている者を従事させないこと。

⑬炊事従業員には、炊事専用の清潔な作業衣を使用させること。

⑭炊事場には、炊事従業員以外の者をみだりに出入りさせないこと。

⑮炊事場には炊事場専用の履物を備え、土足のまま立ち入らせないこと。

●栄養の確保及び向上

事業者は、事業場において労働者に対し給食を行うときは、当該給食に関し、栄養の確保及び向上に必要な措置を講ずるよう努めなければならない（則631条）。

●栄養士

事業者は、事業場において労働者に対し1回100食以上又は1日250食以上の給食を行うときは、栄養士を置くように努めなければならない。

また事業者は、栄養士が食品材料の調査又は選択、献立の作成、栄養価の算定、廃棄量の調査、労働者の嗜好（しこう）調査、栄養指導等を衛生管理者及び給食関係者と協力して行うようにさせなければならない（則632条）。

①炊事従業員専用の休憩室及び便所を設けなければならない。
②食堂の床面積は、食事の際の1人について1m^2以上としなければならない。
③1回100食以上又は1日250食以上の給食を行うときは、栄養士を置くように努めなければならない。

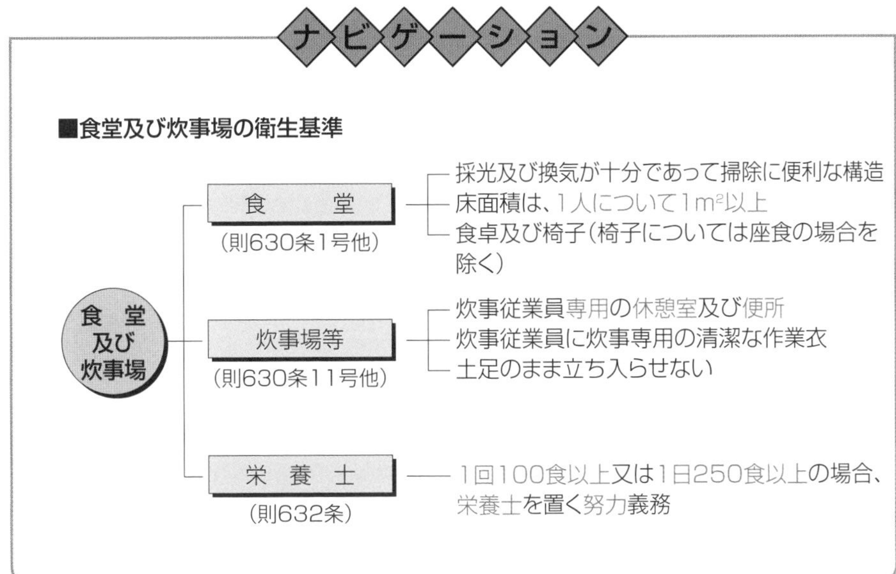

出題パターン

Q1 事業場に附属する食堂の床面積は、食事の際の1人について、1.1m^2とすればよい。

Q2 事業場に附属する食堂の炊事従業員について、専用の便所のほかに、一般従業員と共用の休憩室を設ける。

Q3 事業場に附属する食堂の床面積を、食事の際の1人について、0.8m^2となるようにしている。

A1=○ 食堂の床面積は1人1m^2以上となっている（則630条2号）。

A2=× 炊事従業員には一般従業員と区別して、専用の休憩室及び便所を設けなければならない（則630条11号）。

A3=× **A1**参照。

1章 22

事務所衛生基準規則

空気調和設備等の点検 ここを押さえる

●空気調和設備と機械換気設備

事業者は、空気調和設備※又は機械換気設備※を設けている場合は、室に供給される空気が以下に適合するように、当該設備を調整しなければならない（事務所則5条1項～3項）。

①浮遊粉じん量：0.15mg/m^{3}以下

②一酸化炭素含有率：100万分の10以下

③二酸化炭素（炭酸ガス）含有率：100万分の1000以下

④ホルムアルデヒド量：0.1mg/m^{3}以下

⑤室内の気流：毎秒0.5m以下

⑥室内の気温（努力目標）：18℃以上28℃以下

⑦相対湿度（努力目標）：40％以上70％以下

※空気調和設備：空気を浄化し、温度、湿度及び流量を調節して供給できる設備。

※機械換気設備：空気を浄化し、流量を調節して供給できる設備。

●作業環境測定等

事業者は、中央管理方式の空気調和設備を設けている建築物の室で、2か月以内ごとに1回、定期に、①一酸化炭素及び二酸化炭素の含有率、②室温及び外気温、③相対湿度を測定しなければならない。

測定記録は、3年間保存しなければならない（事務所則7条1項・2項）。

●点検等

燃焼器具は、発熱量の著しく少ないものを除いて、毎日、異常の有無を点検しなければならない。

機械による換気設備について、はじめて使用するとき、分解して改造又は修理を行ったとき、2か月以内ごとに1回、定期に異常の有無の点検を行い、その結果を記録し、3年間保存しなければならない（事務所則9条）。

事業者は、空気調和設備を設けている場合は、病原体によって室の内部の空気が汚染されることを防止するため、次の各号に掲げる措置を講じなければならない（事務所則9条の2）。

①冷却塔及び加湿装置に供給する水を水質基準に適合させるため必要な措置。

②冷却塔及び冷却水について、1か月以内ごとに1回、定期に、汚れの状況を点検し、必要に応じ、その清掃及び換水等を行うこと。

③加湿装置について、1か月以内ごとに1回、定期に、汚れの状況を点検し、必要に応じ、その清掃等を行うこと。

④空気調和設備内の排水受けについて、1か月以内ごとに1回、定期に、汚れ及び閉塞状況を点検し、必要に応じ、その清掃等を行うこと。

⑤冷却塔、冷却水の水管及び加湿装置の清掃を、それぞれ1年以内ごとに1回、定期に行うこと。

①事業者は、機械による換気のための設備について、はじめて使用するとき、分解して改造又は修理を行ったとき及び2か月以内ごとに1回、定期に、異常の有無を点検し、その結果を記録し、3年間保存しなければならない。

②空気調和設備の冷却塔及び冷却水については、1か月以内ごとに1回、定期に、汚れを点検し、必要に応じ、その清掃及び換水等を行う。

③空気調和設備内の排水受けについては、1か月以内ごとに1回、定期に、汚れ及び閉塞状況を点検し、必要に応じ、その清掃等を行う。

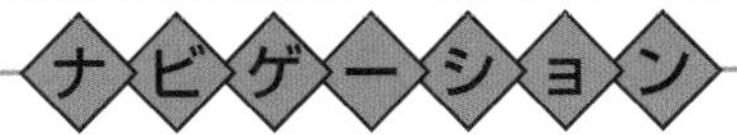

■空気調和設備の管理（室内空気の汚染防止）

項目	措置回数等	追加措置
冷却塔、加湿装置への供給水	水質基準を確保する	―
冷却塔、冷却水	1か月以内ごとに1回、定期に、汚れを点検	必要に応じて清掃、換水
加湿装置	1か月以内ごとに1回、定期に、汚れを点検	必要に応じて清掃等
空気調和設備の排水受け	1か月以内ごとに1回、定期に、汚れ及び閉塞状況の点検	必要に応じて清掃等
冷却塔、水管、加湿装置	1年以内ごとに1回、定期に清掃を行う	―

出題パターン

Q1 機械による換気のための設備について、6か月以内ごとに1回、定期に、異常の有無を点検しなければならない。

Q2 空気調和設備内に設けられた排水受けについては、原則として、1か月以内ごとに1回、定期に、その汚れ及び閉塞の状況を点検し、必要に応じ、その清掃等を行わなければならない。

Q3 空気調和設備の加湿装置については、原則として、2か月以内ごとに1回、定期に、その汚れの状況を点検し、必要に応じ、その清掃等を行わなければならない。

A1=× 機械換気のための設備は、2か月以内ごとに1回、定期に点検が必要である（事務所則9条）。

A2=○ 空気調和設備内に設けられた排水受けは、原則として、1か月以内ごとに1回、定期に点検等を行わなければならない（事務所則9条の2第4号）。

A3=× 空気調和設備の加湿装置は、原則として、1か月以内ごとに1回、定期に点検等を行わなければならない（事務所則9条の2第3号）。

1章

23

事業者の義務等

記録の作成・報告等 ここを押さえる

安衛法は事業者が職場における労働者の安全と健康を確保し、快適な職場環境の形成を促進することを目的とする法律である。そのための各種措置を事業主に義務付け、記録の作成・保存及び報告の提出を求めている。主要なものは以下のとおり。

	作成する記録報告書等	保存期間	関連条文	報告先
健康診断	定期健康診断結果報告書※1	5年	則52条	労基署長
	診断結果の個人票※2	5年	則51条	—
面接指導	面接指導個人記録	5年	則52条の6	—
ストレスチェック※3	検査結果の記録等 (1年以内毎1回実施)	5年	則52条の11 則52条の21	労基署長
特別の安全衛生教育	実施記録	3年	則38条	—
衛生委員会	議事録 (原則毎月1回開催)	3年	則23条4項	—
作業環境測定※4	測定記録 (2月以内毎1回実施)	3年	事務所則7条	—
換気設備点検	点検記録 (2月以内毎1回実施)	3年	事務所則9条	—
照明設備点検	(6月以内毎1回実施)	保存不要	則605条2項	—
(労働中の死傷病) 死傷病報告※5	休業4日以上〔遅滞なく報告〕		則97条	労基署長
	休業4日未満〔四半期ごとに報告〕			

※1 常時50人以上の労働者を使用する事業者が作成する。

※2 事業の規模に関係なく健康診断を行った事業者が作成する。

※3 ストレスチェック(心理的負担程度の把握検査)は常時50人以上の労働者を使用する事業者が実施する。

※4 中央管理方式の空気調和設備を設けている室で事務所の用に供されているものの作業環境測定(令21条5号)。

※5 派遣労働者が派遣中に労働災害により休業した場合の「死傷病報告書」の提出義務者は派遣元、派遣先双方の事業者で、報告提出先はそれぞれの事業者の所轄労基署長宛となる(派遣法45条15項)。

なお、健康診断・面接指導等の検査、指導等に従事した者はその実施に関し**知り得た秘密を漏らしてはならない**(105条)。

①常時50人以上の労働者を使用する事業者は、定期健康診断を行ったときは、遅滞なく、定期健康診断結果報告書を所轄労働基準監督署長へ提出しなければならない。
②安衛法の規定による健康診断の結果に基づき、健康診断個人票を作成してこれを5年間保存しなければならない。
③労働者死傷病報告は、派遣労働者が被災した場合にも報告義務がある。

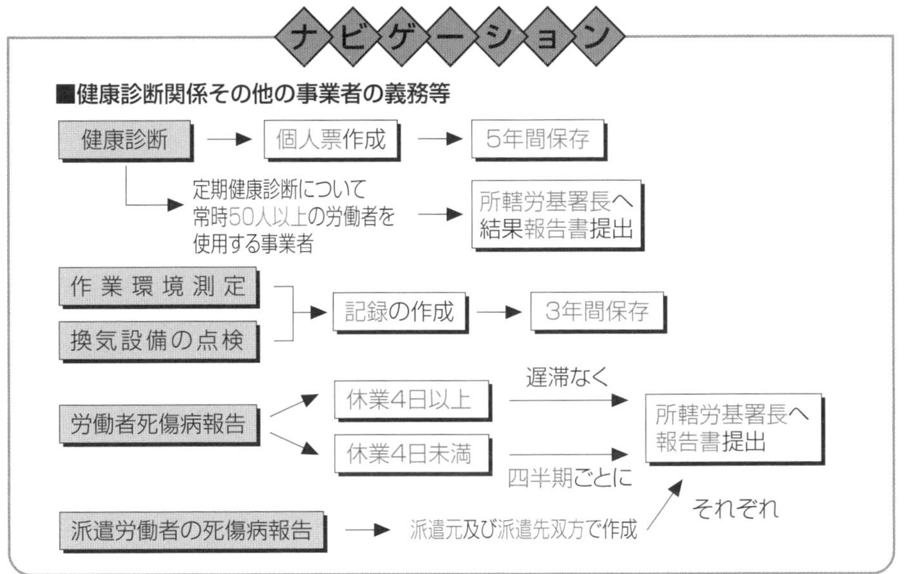

出題パターン

Q1 面接指導の結果に基づいて作成した記録の保存期間は、3年間である。

Q2 衛生委員会の議事で重要なものについては、記録を作成し、3年間保存しなければならない。

Q3 常時40人の労働者を使用する事業場においては、定期健康診断の結果について、所轄労働基準監督署長に報告しなくてもよい。

A1=× 長時間労働に係る面接指導の記録の保存期間は5年間である（則52条の6第1項）。

A2=○ 衛生委員会の議事で重要なものについての記録は、3年間保存しなければならない（則23条4項）。

A3=○ 定期健康診断の結果報告義務は、常時50人以上（則52条）である。40人であれば義務はない。

得点アップのための確認事項

■こんな問題も出た！

ここでは、出題パターンに掲載できなかった過去問の中から、受験生が戸惑う問題を取り上げてみた。同様の問題が今後も出題される可能性があるので、確認しておこう。

Q　常時**500人を超え1,000人以下**の労働者を使用し、そのうち、**深夜業を含む業務**に常時**30人以上**の労働者を従事させる事業場では、衛生管理者のうち少なくとも**1人を専任**の衛生管理者としなければならない。

「**専任の衛生管理者を少なくとも1人以上選任しなければならない要件**」は、①「常時1,000人を超える労働者を使用する事業場（1,000人以下ではない）」（則7条1項5号イ）、②又は、「500人を超える労働者を使用する事業場で、**坑内労働又は一定の有害業務**（労基則18条各号）に常時30人以上従事させる事業場」（則7条1項5号ロ）（「第1種」受験者が対象の内容）、の2つがある。

「第2種」受験者はストレートに問題文を読めば、深夜業を含む業務であろうが、①の「1,000人以下」なら専任は不要、つまり誤りであることが判断できるだろう。

だが、「深夜業を含む業務」の文章で戸惑う人もいるだろう。このくだりは②に類似した内容だが、**深夜業**は労基則18条各号の有害業務に含まれないので、この点からも誤りである。有害業務に関する知識は「第2種」受験者には求められていないので、問題文を難しく考えず、惑わされないようにしたい。

Q　新たに職務につくこととなった**職長**に対しては、事業場の**業種にかかわらず**、一定の事項について、**安全衛生教育**を行わなければならない。

問題例は古いが、「こんな問題も出た」ということで取り上げた。

職長教育を行わなければならないのは、一定の業種に限られる（60条、令19条）。業種の内容は「第1種」が対象の建設業や製造業等なので、ここまで「第2種」受験者には求められてはいないだろう。

ただし、問題文の「**業種にかかわらず**」がここでは誤りなのだから、「**一定の業種に限られる**」という知識は押さえておく必要はあるだろう。

Q　**教育**を行ったときは、教育の受講者、科目等の記録を作成し、**1年間保存**しなければならない。

雇入れ時の安全衛生教育についての問題だが、見方によって「第1種」の問題とも取れなくはない内容である。

事業者は、危険又は有害な業務につく労働者に特別教育を行ったときは、教育の受講者、科目等の記録を作成して、これを3年間保存しなければならない（則38条）、という内容に関するものと思えるからである。

だが、この問題についても、惑わされてはいけない。まず、「第2種」が対象の、雇入れ時の安全衛生教育では、記録の保存義務がないこと、また、「第1種」に関係した問題は出題されるわけがないのであるから、「第2種」受験者は「記録の保存義務がない」ことを確実に覚えていれば、混乱せず解ける問題なのである。

第2章

労働基準法の

必修15項目

2章 1

労働契約 ここを押さえる

●労働契約の内容

労働契約は、使用者と労働者との労務提供・賃金支払を約する契約である。その内容は、賃金、労働時間、休日、休暇等労働条件のすべてに及ぶ。

労働基準法で定める基準に達しない労働条件を定める労働契約は、その部分については無効とする。この場合、無効となった部分は、労働基準法で定める基準による（13条）。

就業規則で定める基準に達しない労働条件を定める労働契約は、その部分について無効とされ、無効となった部分は就業規則で定める基準による（労働契約法12条）。

●契約期間

契約期間（雇用期間）を定めている「有期契約」による場合は、契約期間に上限があり、原則として、３年を超える契約は許されない（14条）。

ただし、契約後、１年を経過した日以後は、労働者からの申出によりいつでも退職することができる（附則137条）。

次の契約については契約期間の上限が５年に緩和されている（14条１項）。

①一定の専門的知識等を有する（高度プロフェッショナル制度）労働者との間に締結される労働契約（14条１項１号）。
②満60歳以上の労働者との間に締結される労働契約（14条１項２号）。

●期間の定めのない労働契約

期間の定めがない労働契約については、労働者はいつでも解約することができる。解約申入れ日から２週間を経過することによって終了する（民法627条）。わが国における正社員契約は、期間の定めのない契約であることが多い。

また、一定の事業の完了に必要な期間を定めるもの（14条１項）で、たとえば４年で完了する土木工事で、工事の途中で技術者に辞められてしまっては、工事の進捗が阻害される。そこで、３年を超える契約期間を定めることが許される。

●労働条件の明示

使用者は、労働契約の締結に際し、労働者に対して賃金、労働時間その他の労働条件を書面の交付で明示しなければならない。ただし、労働者が希望した場合、出力して書面を作成できるものに限り、次の方法をとることができる（15条、則５条４項）。

①FAXを利用して送信する方法
②電子メールその他の受信が特定できる送信（電子メール等）

●労働契約等の記録の保存

使用者は、労働者名簿、賃金台帳及び雇入れ、解雇、災害補償、賃金その他労働関係に関する重要な書類は、当分の間、３年間保存しなければならない（109条）。

①有期契約の期間は、原則として3年を超えてはならない。
②一定の専門的知識等を有する者及び満60歳以上の者との契約は上限5年が認められている。
③労働契約の締結に際し、契約期間、就業の場所、賃金、労働時間など主要な労働条件は、書面交付又は、労働者が希望する場合はＦＡＸ、電子メール等の方法により明示しなければならない。

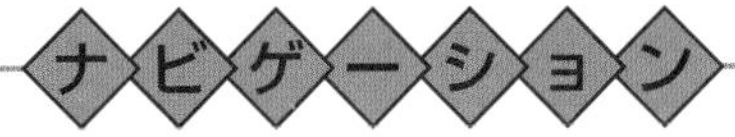

■主要な労働契約関係の記録の保存

使用者は、以下の労働関係書類・記録について「当分の間、3年間保存」しなければならない。

①雇用・退職等関係書類（労働者名簿、契約書、履歴書、解雇決定書類、予告手当・退職手当領収書等）、賃金関係書類（賃金台帳、昇給・減給関係等）、労働関係書類（出勤簿、タイムカード等）（15条、則5条関係）。
②三六協定の健康・福祉実施状況の記録等（36条2項、則17条2項）。
③裁量労働制に関する記録・労使委員会の議事録（38条の3、則24条の2の2、24条2の4第2項）。
④年次有給休暇管理簿（39条5～7項、則55条の2、56条3項、24条の7）。
⑤高度プロフェッショナル制度の同意等（41条の2、則34条の2第15項）。

出題パターン

Q1 満60歳以上の労働者との労働契約については5年の期間を定めることができ、この契約を更新する場合も5年の期間を定めることができる。

Q2 労働契約は、一定の事業の完了に必要な期間を定める場合は、3年を超える期間について締結することができる。

A1=○ 満60歳以上の労働者との労働契約の締結については、期間の上限が5年とされており、また新規採用の場合に限定されない（14条1項2号）。

A2=○ 労働契約は3年を超える期間について締結してはならないのが原則であるが、設問のような例外が認められている（14条1項）。

解雇制限 ここを押さえる

●解雇制限とは

客観的・合理的理由がある場合、使用者は解雇予告期間等一定の義務を履行し、労働者（臨時的雇用等除く）を解雇することができる。

しかし、次の期間については、たとえ労働者の責に帰すべき事由が発覚したとしても解雇することはできない。

●解雇制限期間

①労働者が業務上負傷し又は疾病にかかり、療養のために休業する期間及びその後30日間、②産前産後の女性が65条の就業制限規定により休業する期間及びその後30日間、労働者を解雇することはできない（19条1項）。

この期間は、下記の解雇制限除外事由がある場合を除き、たとえ、労働者の責に帰すべき事由が発覚した場合であっても解雇できない。解雇は、労働者の生活を脅かす大きな要因となるためである。

●解雇制限除外事由

ただし、解雇制限期間であっても、次の①、②の場合は、労働者を解雇することができる（19条1項但書）。

①81条の打切補償を支払う場合、②天災事変その他やむを得ない事由のために事業の継続が不可能となり、かつ、その事由について所轄労働基準監督署長の認定を受けた場合。

②について認定を必要とするのは、そのような事情が真に存在するかどうかについて使用者の恣意が介入しないように客観性を担保するためである。

●打切補償

業務上の傷病により、療養で休業している労働者が療養開始後3年を経過しても傷病が治癒しない場合、使用者が平均賃金の1,200日分を支払えば解雇することができる（81条）。

この場合は、所轄労働基準監督署長の認定を受ける**必要もない**。

また、療養開始後3年を経過し、労災保険法の傷病補償年金を受けることになったときは、打切補償を支払ったものとみなされる。

●事業の継続が不可能な場合

事業場が火災により焼失した場合、震災で工場等が倒壊した場合など、「やむを得ない事由」のために、事業の全部又は大部分の継続が不可能になった場合をいう。

例えば、①税金滞納処分のための事業廃止、②事業主の危険負担に属すべき事由に起因した資材入手難、金融難、あるいは、多少の整理解雇をすれば操業の継続が可能な場合や一時的操業中止のような場合は、これに当たらない。

①解雇は、客観的に合理的な理由を欠き、社会通念上相当であると認められない場合は、その権利を濫用したものとして、無効とする（労働契約法16条）。
②あらかじめ、どんなときに解雇されるのかが労働者にもわかるように、就業規則や労働契約で明らかにしておくことが義務付けられている。

ナビゲーション

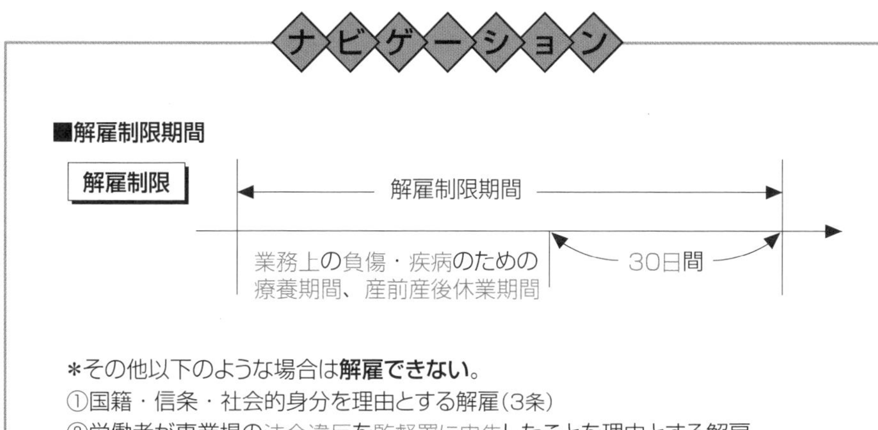

＊その他以下のような場合は**解雇できない。**
①国籍・信条・社会的身分を理由とする解雇（3条）
②労働者が事業場の法令違反を監督署に申告したことを理由とする解雇（104条2項）
③女性労働者が、結婚・妊娠・出産したことを理由とする解雇（男女雇用機会均等法9条）
④育児・介護休業を申し出たり、育児・介護休業をしたことを理由とする解雇（育児・介護休業法10条、16条）
⑤労働者が労働組合の組合員であること、組合に加入しようとしたこと等を理由とする解雇（労働組合法7条）

出題パターン

Q1 使用者は、その事業場の労働基準法違反の事実を労働基準監督署長に申告した労働者を、そのことを理由に解雇してはならない。

Q2 産後８週間休業した女性については、その後30日間は解雇してはならない。

A1=○ 労働者は事業場に法令違反等がある場合は、その事実を所轄労働基準監督署長に申告することができるが、使用者はこの申告をしたことを理由として、労働者に対し、解雇その他不利益な取扱いをしてはならない（104条２項）。

A2=○ 解雇制限の規定の１つ（女性が労働基準法の規定により産前産後の休業をする期間及びその後30日間は解雇できない）に該当する（19条）。

解雇の予告 ここを押さえる

●解雇の予告

使用者は、労働者を解雇しようとする場合には、少なくとも30日前にその予告をしなければならない。30日前に予告しない場合、30日分以上の平均賃金を支払わなければならない（20条1項前段）。これを**解雇予告手当**という。

また、予告の日数は、1日について平均賃金を（合計して）支払った場合は、その日数を短縮できる（同2項）。

解雇予告手当は30日分以上であれば適法であるから、平均賃金30日分を支払えば、即時解雇ができる、ということである。

●解雇予告除外事由

次の①、②の場合には解雇予告の規定は適用されない。

①天災事変その他やむを得ない事由のために事業の継続が不可能となった場合
②労働者の責に帰すべき事由に基づいて解雇する場合（20条1項但書）

解雇予告除外事由は、所轄労働基準監督署長の認定が必要である（同3項による19条2項の準用）。

●労働者の責に帰すべき事由

労働者の故意、過失又はこれと同視すべき事由をいい、労働者の地位、職責、継続勤務年数、勤務状況等を考慮の上総合的に判断する。一般的には事業場内における窃盗、横領、背任、傷害、職場規律の紊乱（びんらん）、経歴詐称、他の事業への転職、長期無断欠勤等が該当する。

しかし、この場合であっても、解雇制限の規定は解除されるわけではないため、解雇制限期間中は解雇できない。

●法20条違反の解雇の効力

解雇予告及び予告手当を支払わずに労働者を解雇した場合の解雇の効力については、即時解雇としては無効である。

しかし、使用者が即時解雇にこだわる趣旨でない限り、その解雇通知は、同条所定の期間である30日間経過後、又は解雇予告手当を支払ったときから、効力を生じるとされる（最二小判昭35.3.11）。

●解雇予告制度が適用されない労働者

①日々雇い入れられる者
②2か月以内の期間を定めて使用される者
③季節的業務に4か月以内の期間を定めて使用される者
④試みの使用期間中の者

以上の労働者は、解雇予告が適用されない（21条）。

●解雇予告制度の例外的適用

前記①～④の労働者が次の要件に該当した場合は、解雇予告が適用になる（21条但書）。

①の労働者が1か月を超えて引き続き使用されるに至った場合、②、③の労働者が所定の期間を超えて使用されるに至った場合、④の労働者が14日を超えて引き続き使用されるに至った場合。

①労働者が退職の場合において、使用期間、業務の種類、その事業における地位、賃金又は退職の事由（退職の事由が解雇の場合にあっては、その理由を含む）について証明書を請求した場合においては、使用者は、遅滞なくこれを交付しなければならない。退職時の証明に加え、解雇を予告した日から解雇日までの間に、労働者から解雇の理由についての証明書を請求されたら、使用者はこれに応じなければならない（22条1項・2項）。

②①の証明書には、労働者の請求しない事項や秘密の記号を記入してはならない。また、労働者の再就職を妨げる目的で、第三者とはかり、労働者の国籍、信条、社会的身分、労働組合活動などについて、通信することも禁止されている（同3項・4項）。

■解雇予告の除外

解雇予告のいらない労働者	解雇の予告が必要な場合	
①日雇労働者	1か月	左の期間を超えて引き続き使用されることになったとき
②契約期間が2か月以内	所定の契約期間	
③4か月以内の季節労働者		
④試用期間中の者	14日	

出題パターン

Q1 試みの使用期間中の者を、雇い入れてから14日以内に解雇するときは、解雇の予告を行わなくてもよい。

Q2 労働者の責に帰すべき事由により、予告手当を支払わずに労働者を即時解雇しようとするときは、所轄労働基準監督署長の認定を受けなくてもよい。

A1=○ 試みの使用期間中の者を雇入れ後14日以内に解雇する場合は、解雇予告は必要ない（21条）。

A2=× 「労働者の責に帰すべき事由」がある場合は解雇予告をすること又は解雇予告手当を支給することなしに即時解雇できるが、その場合は所轄労働基準監督署長の認定を受けなければならない（20条1項・3項）。

労働時間等 ここを押さえる

●労働時間とは

労働時間とは、労働者が使用者の指揮命令下に置かれた時間のことをいい、労働時間に該当するか否かは、労働者の行為が使用者の指揮命令下に置かれたものと評価することができるか否かにより客観的に定まる（平成12年三菱重工長崎造船所事件最高裁判決）。なお、所定労働時間外に、労働者が自発的に職務を行っていた場合であっても、これを黙認・許容していれば労働時間と解される。

●法定労働時間

労基法では、休憩時間を除き1日8時間、1週間当たり40時間を法定労働時間と定めている（32条）。「1日」とは午前0時から午後12時までの暦日、「1週間」とは日曜日から土曜日までの暦週をいう。休憩時間についてはP.72参照。

●法定労働時間を超える労働

使用者は、過半数労働組合（ない場合は過半数代表者）と「時間外・休日労働に関する協定」を締結し労働基準監督署（労基署）に届け出て、法定労働時間を超えて労働をさせることができる。この協定を労基法36条という条番号に従い三六（さぶろく）協定と呼ぶ。

法定時間を超える労働も1か月45時間、1年360時間を限度とするが、対象期間が3か月を超える場合の1年単位変形労働時間制にあっては、1か月42時間、1年320時間を限度とする（36条4項）。この違反に関しては30万円以下の罰金が科される。なお、坑内労働、著しく暑熱な業務等、健康上特に有害な業務は1日2時間を超えて労働時間を延長することはできない（36条6項1号）。

●三六協定の協定事項

三六協定は次の事項を定め、労基署に届けた場合にその効力を発する（36条2項）。①時間外・休日労働の対象労働者の範囲、②対象期間（1年間に限る）、③労働時間延長又は休日労働の必要理由、④1日、1か月及び1年について延長する労働時間の上限又は休日労働の日数、⑤労働時間の延長及び休日労働を適正事項として厚生労働省令で定める事項（協定有効期間、起算日、時間外労働の限度時間の要件を満たすこと等）

●時間外、休日、深夜の割増賃金

使用者は労働者が法定労働時間を延長して労働した場合、下記による率の割増賃金を支払わなければならない（37条）。㋐時間外労働…2割5分以上5割以下（1か月60時間を超える場合、超えた時間は5割以上）、㋑休日労働…3割5分以上、㋒深夜労働…2割5分以上、㋓時間外労働が深夜の時間帯に及んだ時…5割以上、㋔休日労働が深夜の時間帯に及んだ時…6割以上　※なお、高度プロフェッショナル制度の労働者は適用外。

①労働時間とは、使用者の明示又は黙示の指示によって、労働者が使用者の指揮命令下に置かれている状態の時間をいう。
②「労働時間の原則」として、使用者は、休憩時間を除き１週間当たり40時間、１日８時間を超えて労働させてはならない（32条）。

■１日の勤務の考え方

「１週間」「１日」の法定労働時間はいわゆる暦週、暦日で判断する。継続勤務が２日にわたる場合は、たとえ暦日を異にする場合でも、１勤務として扱い、始業時刻の属する日の労働として、当該日の「１日」の労働とする。

「１日」は、暦日単位の午前０時から午後12時（24時）までをいう。

・労働が時間外労働で翌日・午前１時の時間になった場合

13:00　　21:00　　24:00　1:00

→　所定労働時間　←→　時間外労働　➡

[継続した勤務が２暦日の場合、午前０時をすぎても「１単位」の勤務]

■事業場外労働

労働者が事業場外（会社外や出張など）で労働し、使用者がその労働時間を把握できない場合は、原則として**所定労働時間労働したもの**とみなされる。所定労働時間を超えて事業場外で労働することが必要となる場合、「当該業務の遂行に通常必要とされる時間」又は「労使協定で定めた時間」労働したこととされる。

出題パターン

Q1 １日８時間を超えて労働させることができるのは、時間外労働の労使協定を締結し、これを所轄労働基準監督署長に届け出た場合に限られている。

Q2 労働時間が８時間を超える場合においては、少なくとも45分の休憩時間を労働時間の途中に与えなければならない。

Q3 労働時間に関する規定の適用については、事業場を異にする場合は労働時間を通算しない。

A1=× 就業規則等において１か月単位の変形労働時間制を採用した場合には、特定された週又は日において１週間当たり40時間又は１日８時間を超えて労働させることができ、災害等臨時の必要がある場合には、労使の協定によらずに８時間を超えて労働させることができる（32条の２第１項、33条、P.68、74参照）。

A2=× 労働時間が８時間を超える場合の休憩時間は、少なくとも１時間である（34条１項、P.72参照）。

A3=× 事業場を異にする場合、労働時間は通算される（38条１項）。

変形労働時間制 ここを押さえる

●変形労働時間制

1か月単位の変形労働時間制は、労使協定又は就業規則等により、1か月以内の一定の期間を平均し1週間当たりの労働時間が40時間を超えない定めをしたときは、特定された週において40時間、特定された日に8時間を超えて労働させることができる（32条の2第1項）。

3か月を超える1年単位の変形労働時間制の時間外労働限度時間は、1か月42時間、1年320時間とする。この場合、1か月42時間を超えることができる月数は6か月以内とする（36条4項・5項）。

●変形労働時間制の種類

①1か月単位の変形労働時間制（32条の2）

②1年単位の変形労働時間制（32条の4）

1か月を超え1年以内の期間を平均して、1週間当たりの労働時間が40時間を超えないことを条件に、業務の繁閑期に応じ労働時間を配分する。

③1週間単位の変形労働時間制（32条の5）

規模30人未満の小売業、旅館、飲食店等が対象。

④フレックスタイム制：P.70参照。

●労使協定又は就業規則の定め

1か月単位の変形労働時間制を採用する場合は、労働時間制に関する一定事項について次のいずれかの手続きが必要である（32条の2第1項）。

①労働者の過半数で組織する労働組合、又は労働者の過半数を代表する者と書面による協定（労使協定）を締結すること

②就業規則に定めること

なお、1年単位、1週間単位の場合は労使協定による。

●労使協定の届出

労使協定は、所轄労働基準監督署長へすべて届出の義務がある。

変形労働時間制採用の場合、就業規則の記載変更は、届出が必要である。

●妊産婦に対する取扱い

使用者は、妊娠中又は産後1年を経過しない女性（管理監督者を除く）が請求した場合は、1か月単位又は1年単位等の変形労働時間制により就労させる場合であっても、1週間当たり40時間、1日について8時間を超えて労働させてはならない（66条1項）。

●年少者に対する取扱い

満18歳未満の年少者について、変形労働時間制は適用しない。ただし、1週間当たり48時間、1日8時間を超えない範囲で1か月単位・1年単位の変形労働時間制の規定で労働させることができる（60条1項・3項）。

●育児を行う者等に対する配慮

使用者は、育児を行う者、老人等の介護を行う者等については、特別の配慮をしなければならない（則12条の6）。

①1か月単位の変形労働時間制の労使協定は、所轄労働基準監督署長へ届出が必要である。
②妊娠中又は産後1年を経過しない女性が請求した場合には、1か月単位の変形労働時間制を採用する場合においても、1週間当たり40時間・1日8時間を超えて労働させることはできない。

■変形労働時間制における法定総労働時間

変形期間は週を単位とする場合、法定総労働時間数の計算が単純でわかりやすい（例えば、変形期間が4週間の場合は40×4＝160時間）。

しかし、1か月を単位とする場合は、次の計算式で月間法定総労働時間を求めることになり、複雑になる。

$$法定総労働時間＝\frac{40\times変形期間の暦日数}{7}$$

※1か月の法定総労働時間数

① 30日の月 $\frac{40\times30}{7}$＝171.4(時間)

② 31日の月 $\frac{40\times31}{7}$＝177.1(時間)

③ 28日の月 $\frac{40\times28}{7}$＝160.0(時間)

④ 29日の月 $\frac{40\times29}{7}$＝165.7(時間)

出題パターン

Q1 変形労働時間制度に関する定めをした労使協定は、所轄労働基準監督署長に届け出る必要はないが、就業規則は届け出る必要がある。

Q2 変形労働時間制度を採用した場合には、この制度に関する定めにより、特定された週又は日において1週間当たり40時間又は1日8時間を超えて労働させることができる。

Q3 この制度を採用する場合には、労使協定又は就業規則により、1か月以内の一定の期間を平均し1週間当たりの労働時間が40時間を超えないこと等、この制度に関する定めをする必要がある。

A1=× 就業規則だけではなく、労使協定も届出義務がある（32条の2第2項）。

A2=○ 労基法第32条の2第1項より正しい。

A3=○ 労基法第32条の2第1項より正しい。

フレックスタイム制 ここを押さえる

●フレックスタイム制（32条の3）

フレックスタイム制とは、労使協定により、一定期間の総労働時間を定め、労働者がその範囲内で各日の始業及び終業の時刻を自由に決められる制度である（昭63.1.1基発1号）。

●フレックスタイム制の採用

使用者は労使協定により、以下について定める（則12条の2、12条の3）。

①対象となる労働者の範囲、清算期間及び起算日、清算期間中の総労働時間、1日の標準労働時間等

②フレキシブルタイム、コアタイムを設ける場合はその時間帯

なお、就業規則等においては、始業及び終業の時刻を労働者の決定に委ねる旨を定める必要がある。

●清算期間

労働者が労働すべき時間を定める期間で、3か月以内とする（32条の3第1項2号）。

起算日については、「毎月1日」や「毎月16日」等のように、どの期間が清算期間なのかを、労働契約上、明確にする必要がある。

1か月を超える清算期間を定めたフレックスタイム制を採用した場合、労使協定の労働基準監督署長への届出が必要である（32条の3第4項、則12条の3第2項）。

ただし、フレックスタイム制について就業規則への記載は求められていないものの、記載した場合は、就業規則の変更について労働基準監督署長への届出が必要になる。

●清算期間中の総労働時間

労使協定では清算期間の1週間の労働時間は40時間を超えないように定めるが、1か月を超える清算期間の場合、期間内1か月ごとの労働時間は週平均50時間を超えないこととする（32条の3第2項）。また、所定労働日数が5日の労働者の労働時間の限度は、その日数に8時間を乗じた時間を法定労働時間と定める場合、清算期間の日数を7で除した数を時間とし、法定労働時間を超えないこととする（同3項）。

●年次有給休暇

フレックスタイム制の下で、労働者が年次有給休暇を取得した場合、当該日は標準となる1日の労働時間を労働したものとして取り扱う。

●対象の労働者

労使協定により、事業所内の「○○部全職員」又は「全従業員」といった形で定めることができる。この場合、すべての女性も適用の対象となる。

●適用除外

満18歳未満の年少者については、フレックスタイム制は適用しない（60条）。

①フレックスタイム制とは、一定期間の総労働時間を定め、始業及び終業の時刻を自由に決められる制度である。
②清算期間は、労働時間を定める期間で、3か月以内とされる。
③満18歳未満の年少者については、フレックスタイム制は適用しない。

ナビゲーション

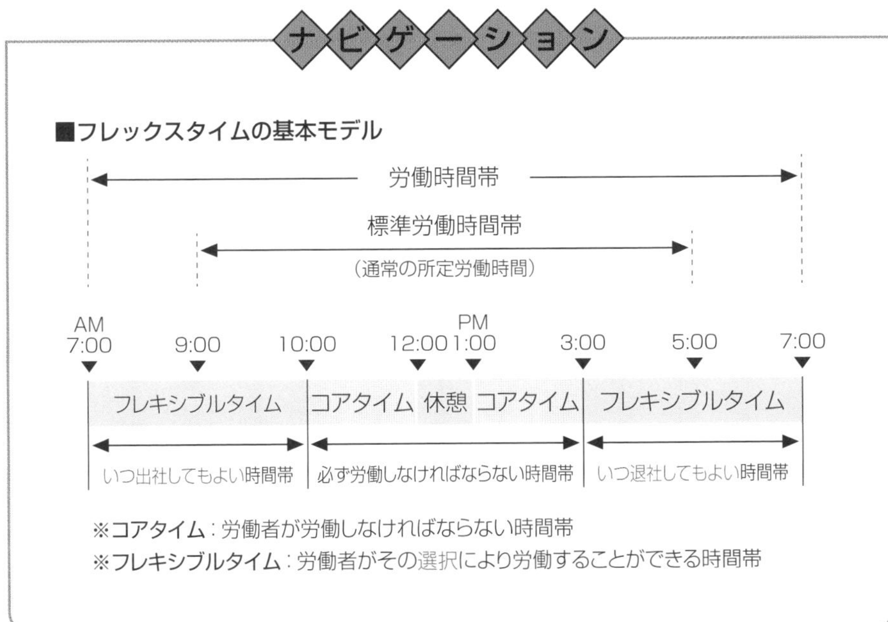

出題パターン

Q1 フレックスタイム制の清算期間は、3か月以内に限られる。

Q2 フレックスタイム制を採用している場合であっても、妊産婦が請求した場合には、管理監督者等の場合を除き、フレックスタイム制による労働をさせてはならない。

A1=○ フレックスタイム制の清算期間は3か月以内である。

A2=× 労基法32条の3のフレックスタイム制は、妊産婦に関する保護規定はない。労基法66条による妊産婦の保護規定は、同法32条の3の適用を除外しているからである。

休憩・休日 ここを押さえる

●休憩時間の与え方

労働者の休憩時間は、1日の労働時間の途中に与えなければならない。一部の業種を除き（則31条）、原則として、①一斉に与え、②自由に利用できるようにしなければならない。

ただし、①の一斉休憩については、この原則が適用される業種であっても、労使間で労使協定を締結すれば、交替で休憩を与えることができる（34条）。

●休憩付与の例外

①電車、自動車、船舶、航空機の乗務員で長距離にわたって継続して乗務する者（運行の所要時間が6時間を超える区間に乗務すること）、②屋内勤務者30人未満の郵便局で郵便の業務に従事する者、③①以外の乗務員で、停車時間等が休憩時間に相当する者には、休憩時間を与えないことができる（則32条）。

●自由利用の例外

勤務の性質上、①警察官、消防吏員、常勤消防団員、准救急隊員及び児童自立支援施設に勤務する職員で児童と起居をともにする者、②乳児院、児童養護施設、障害児入所施設の職員で児童と起居をともにする者で、労働基準監督署長の許可を受けた者等については、休憩時間の自由利用の原則はない（則33条）。

勤務の性質上、休憩時間中であっても一定の場所にいる必要があるからである。

●休憩時間の長さ

労働時間が6時間を超える場合においては少なくとも45分、8時間を超える場合においては少なくとも1時間の休憩時間を労働時間の途中に与えなければならない（34条）。

●週休制の原則

使用者は、労働者に対して、毎週少なくとも1回の休日を与えなければならない。

ただし、4週間を通じて4日以上休日を与える方法（いわゆる変形休日制）も認められている（35条）。この要件を満たす限り、国民の祝日に労働者を休ませなくても、使用者が労働基準法違反を問われることはない。

●休日の振替

法定休日に出勤させて、その代わりの休日を計画的に与えた場合は、休日の振替といい、休日出勤としての割増賃金の支払義務は生じない。

しかし、振替休日の振替の結果、その1週の労働時間が法定労働時間を超える場合は、三六協定の締結と割増賃金の支払義務が生じる。

●代休

法定休日に出勤させた場合で、休日出勤した労働者が事後に代休を請求し、使用者が認めて与えた場合は、振替の場合と異なり、休日出勤としての割増賃金分の支払義務がある。

①国際線の航空機のパイロット等、休憩時間を与えなくてもよい労働者がある。
②労使協定の締結によって、一斉休憩の原則が適用除外される。
③週休制が確保されさえすれば、年末年始、ゴールデンウィーク、国民の祝日等を休日とするかどうかは任意である。
④休日に労働させた後に、その代償措置として特定の労働日の労働義務を免除しても、先の労働が休日労働でなくなるわけではない。

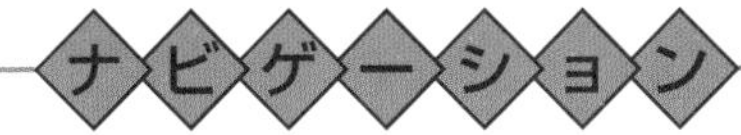

■休憩に関する原則の例外

①休憩付与の例外 → 国際線のパイロット等
②一斉休憩の例外 → ①労使協定の締結、②運輸交通業・商業・金融広告業・映画演劇業・通信業・保健衛生業・接客娯楽業・官公署の事業、③坑内労働
③自由利用の例外 → 警察官、消防吏員、准救急隊員等
※高度プロフェッショナル制度の労働者には休憩・休日の規定は適用しない。

出題パターン

Q1 所定労働時間が7時間30分である事業場において、延長する労働時間が1時間であるときは、少なくとも45分の休憩時間を労働時間の途中に与えなければならない。

Q2 監視又は断続的労働に従事する労働者であって、所轄労働基準監督署長の許可を受けたものについては、労働時間、休憩及び休日に関する規定は適用されない。

A1=× 労働時間が8時間を超える場合の休憩時間は、1時間である（34条1項）。

A2=○ 監視又は断続的労働に従事する者で、使用者が所轄労働基準監督署長の許可を受けたものについては、労働時間に関する規定は適用されない（41条3号、P.74参照）。

時間外・休日労働 ここを押さえる

●災害等臨時の必要がある場合

災害その他避けることのできない事由によって臨時の必要がある場合は、使用者は、所轄労働基準監督署長の許可を受けて（事態急迫の場合は事後届出）、その必要の限度において時間外労働又は休日労働をさせることができる（33条1項）。

●三六協定による場合（36条）

三六協定は、使用者と労働者代表（労働組合又は労働者の過半数を代表する者）が書面による労使協定を締結する。これを所轄労働基準監督署長に届け出た場合には、使用者は、その協定で定めるところにより、時間外労働又は休日労働をさせることができる（36条）。

◆三六協定の協定事項（36条2項）

①時間外・休日労働の対象労働者の範囲。
②対象期間（1年間に限る）。
③時間外労働又は休日労働の理由。
④1日、1か月及び1年についての労働時間の上限。又は休日労働日数。
⑤**その他必要事項**として、有効期間、対象期間の起算日、時間外労働1か月の上限時間の要件を満たすこと等。

三六協定による時間外労働は**1年間を限度**として、1か月45時間（休日労働を含まず※）、1年間360時間を限度時間とする（3か月を超える1年単位の変形労働時間制では、42時間・320時間）。

※法定休日労働は含まないが、週休2日制における法定休日以外のいわゆる公休日等の休日労働は含まれる。

ただし、臨時的な特別の事情の場合は、1か月100時間未満（休日労働を含む）、1年間720時間以内で定めることができる。

また、**1か月45時間を超える月数**は、年6か月以内とし、2～6か月（複数月）を平均して80時間を超えないこととする（以上、36条2項～6項）。なお、適用外対象者については、ナビ参照。

●三六協定の適用除外

①満18歳未満の労働者（60条1項）、及び妊産婦の請求がある場合（66条2項）は時間外・休日労働をさせられない。
②育児、介護を行う労働者の請求がある場合、制限時間を超えて労働時間を延長できない（育児介護休業法17条、18条）。

●労働時間の延長制限業務

上記の、三六協定を締結した場合であっても、坑内労働、その他省令で定める健康上特に有害な業務については1日について2時間を超えて延長することはできない（36条6項1号）。

●管理監督者の適用除外

法41条では、一定の事業及び①管理の地位にある者又は機密の事務を取り扱う者、②監視又は断続的労働に従事する者で使用者が行政官庁の許可を受けた者については、労働時間、休憩及び休日について適用しない旨規定されている。

①三六協定を締結しても届出をしないと、時間外・休日労働は違法となる。
②満18歳未満の者については、三六協定による時間外・休日労働をさせることはできない。

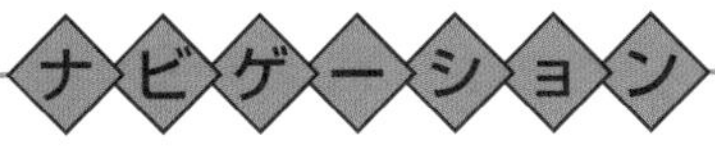

■管理監督者の適用関係事項

事　項	規定内容	法	適　用
①労働時間	1日8時間、1週間当たり40時間を超える法定労働時間規定	32条	×
②休　　憩	1日6時間及び8時間を超える場合の時間付与規定	34条	×
③休　　日	法定休日の付与規定	35条	×
④割増賃金	法定労働時間・休日労働以外の支払い規定	37条	○
⑤有給休暇	勤務年数に応じた付与規定	39条	○
⑥深夜・時間外・休日労働	妊産婦で請求した場合	66条	○

■延長時間の限度

期　間	限度時間（一般）	予見できない業務量の大幅な増加に伴う臨時的な限度時間
1か月	45時間	100時間未満（2～6か月平均80時間）
1年	360時間	720時間

※**適用除外・猶予者**　新たな技術、商品又は役務の研究開発業務等、高度プロフェッショナル制度の労働者には、上記の表内容は適用しない。また、自動車運転業務、建設事業、医師には5年間の適用猶予措置があったが、2024年4月1日より、一部特例つきで適用される。

出題パターン

Q1 時間外・休日労働に関する労使協定の内容は、厚生労働大臣が定める省令に適合したものとなるようにしなければならない。

Q2 時間外・休日労働に関する労使協定には、労働協約による場合を除き、有効期間の定めをする必要がある。

A1=○ 労基法36条1項より正しい。

A2=○ 労基法36条2項2号より正しい。

年次有給休暇(1) ここを押さえる

●年次有給休暇の付与要件

使用者は、労働者に対して、①雇入れの日から6か月間継続勤務し、②全労働日の8割以上出勤した場合、継続又は分割して10労働日の有給休暇を与えなければならない（39条1項）。ナビ参照。

以後、継続勤務年数に応じて、最高20日を限度とした日数を付与しなければならない（同2項）。

※付与対象の労働者：上記の対象は、週所定労働時間が30時間以上、所定労働日数が週5日以上の労働者、又は1年間の所定労働日数が217日以上の労働者である（則24条の3第1・2・5項）。

年次有給休暇の付与は、管理監督者、パート、アルバイト、嘱託等短時間労働者なども同様に対象（P.79ナビ参照）。

●計画的付与

使用者は、書面による労使協定により、年次有給休暇のうち5日を超える部分について計画的に付与する定め（計画的付与制度）をしたときは、その協定の定めにより付与することができる（39条6項）。

この場合は、その旨を就業規則に定めることが必要である。

計画的付与制度は、少なくとも5日は労働者が自由に使える休暇として残しておかなければならない。従業員が病気その他の個人的理由により、自由に年次有給休暇を取得できるよう日数を留保しておくためである。

事業場全体の一斉付与の場合、年次有給休暇の残日数がないため賃金カットを受ける者に対しては、使用者は休業手当を支払わなければならない（26条）。

また、使用者は、年次有給休暇が10日以上付与される労働者に対しては、毎年5日、（労働者の希望を聴取）時季を指定して取得させることが義務付けられ、年次有給休暇管理簿で管理して、記録は当分の間、3年間保存する（則24条の7）。

●時季指定権と時季変更権

原則として、労働日に、日単位で取得する日を労働者が請求する。これを労働者の**時季指定権**という。

これに対し、使用者は「事業の正常な運営を妨げる場合」に、業務の規模や内容、作業の内容、代替要員の手配の難易等を総合的に判断して、客観的に業務上の支障がある場合に、限定的に**時季変更権**を行使できる（39条5項）。

●出勤率

出勤率は、全労働日のうち、出勤した日の割合だが、次の日については出勤扱いとする。①年次有給休暇の取得日、②業務上の負傷、疾病による療養により休業した日、③産前産後の休業期間、④育児・介護休業期間（39条10項）。また、①使用者の責に帰すべき休業、②正当な争議で勤務しなかった日は全労働日から除外される。

①年次有給休暇の付与は、管理監督者、パート、アルバイト、嘱託等短時間労働者なども同様に対象となる。
②使用者は、少なくとも5日は、労働者が自由に使える休暇として残しておかなければならない。
③年次有給休暇を取得した労働者に対して、賃金の減額その他不利益な取扱いをすることは禁止されている。

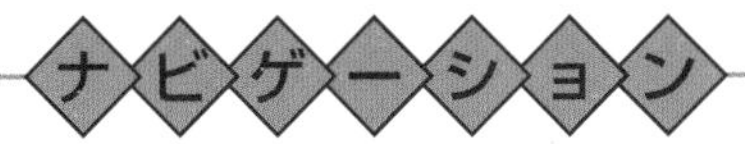

■通常の労働者の年次有給休暇の付与日数

勤続年数	6か月	1年6か月	2年6か月	3年6か月	4年6か月	5年6か月	6年6か月以上
付与日数	10日	11日	12日	14日	16日	18日	20日

※以上の付与日数は、①週所定労働時間が30時間以上、所定労働日数が週5日（年間217日）以上の者、②雇入れの日から6か月間継続勤務し、全労働日の8割以上勤務した者が対象。①の内容に満たない者についてはP.79参照。

※高度プロフェッショナル制度の労働者に39条の適用はないが、41条の2第1項5号で「1年に1回以上連続2週間（又は連続1週間×2回以上）」の休日付与の規定がある。

出題パターン

Q1 週所定労働時間が30時間以上で、雇入れの日から起算して5年6か月継続勤務した労働者に対して、新たに与えなければならない年次有給休暇日数は、法令上、何日か。なお、この労働者は直前の1年間に全労働日の8割以上出勤している。
（1）16日　（2）17日　（3）18日　（4）19日　（5）20日

Q2 労働者の過半数で組織する労働組合（その労働組合がない場合は労働者の過半数を代表する者）と使用者との書面による協定により休暇を与える時季に関する定めをした場合は、休暇のうち5日を超える部分については、その定めにより休暇を与えることができる。

A1=(3)。使用者は、週所定労働時間が30時間以上の者で、雇入れの日から起算して6か月間継続勤務し、全労働日の8割以上出勤した労働者に対して、10日の年次有給休暇を与えなければならない（39条1項）。さらに、5年6か月間継続勤務して、前1年間の8割以上出勤した労働者に対しては8日が加算される（39条2項）。したがって、合計18日の年次有給休暇を与えなければならない。

A2=○ 労使協定を結べば、使用者は有給休暇の日数のうち5日を超える部分について、時季を定めて計画的に年次有給休暇を与えることができる（39条6項）。

2章 10 労働時間・休日・休暇等7

年次有給休暇(2) ここを押さえる

●付与単位

年次有給休暇の付与単位は、日であるが、労使協定により、時間単位で年次有給休暇を与える対象労働者の範囲、その日数（繰り越し分を含め5日を限度）等を定めた場合で、対象労働者が請求した場合には、時間単位で年次有給休暇を付与できる（39条4項）。

時間単位年次有給休暇の1日の時間数は、1日の所定労働時間を基に決める。

（1日の所定労働時間が7時間30分で5日分の時間単位年休）

＝（7時間30分なら8時間）

※時間に満たない端数は、時間単位に切り上げて計算する。

8時間×5日＝40時間分

●年次有給休暇日の賃金

年次有給休暇の際に支払うべき賃金は、

①平均賃金

②所定労働時間労働した場合に支払われる通常の賃金

③健康保険法による標準報酬月額の1/30に相当する金額

のいずれかによる。いずれを支払うかを就業規則等に定めておかなければならず、③については必ず書面による労使協定が必要である（39条9項）。

●出勤率

年次有給休暇の取得条件として、全労働日の8割以上の出勤が必要だが、出勤率については、次の日は出勤したものとして扱う（39条10項）。

①年次有給休暇を取得した日

②業務上の負傷、疾病による療養のため休業した期間

③産前産後の休業期間

④育児・介護休業期間

また、次の場合は全労働日から除外される。

①使用者の責に帰すべき休業

②正当な争議で勤務しなかった日

●時効消滅と繰越

年次有給休暇請求権の時効は2年間である（115条）。請求権発生年度に消化されなかった年次有給休暇日数（最高限度20日まで）は、翌年度に繰り越される。繰り越した日数は、新たに発生した日数に加算され、最高累積日数は40日を限度として請求権が発生する。この請求権は、最高付与日数20日までの間で、2年後に時効で消滅するということである。

●年次有給休暇日の買取り

法による定めはないが、年次有給休暇の買取りは、原則認められていない（昭30.11.30基収4718号）。しかし、次の場合には違法とされない。

①法定分日数より多く有給休暇を与えている場合、その超えた分

②時効で消滅した分

③退職時に残っている分

①年次有給休暇の付与は「日」を原則とするが、労使協定を締結して、「時間」を単位としても付与することができる。
②次の日は出勤したものとして扱う（39条10項）。年次有給休暇を取得した日、業務上の負傷、疾病による療養のため休業した期間、産前産後の休業期間、育児・介護休業期間。
③年次有給休暇の消滅時効は2年である。

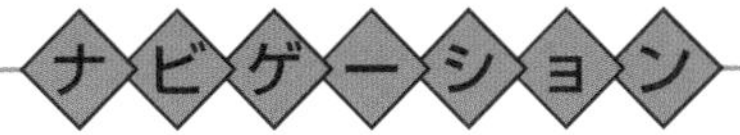

■短時間労働者の付与

週所定労働時間が30時間未満の労働者のうち、①週所定労働日数が4日以下、②週以外の期間で労働日数が定められている場合は、年間所定労働日数が216日以下の者については、以下の年次有給休暇が、その所定労働日数に比例して付与される（39条3項、則24条の3）。

週所定労働日数	1年間の所定労働日数	雇入れ日から起算した継続勤務期間　単位：年						
		0.5	1.5	2.5	3.5	4.5	5.5	6.5以上
4日	169日～216日	7	8	9	10	12	13	15
3日	121日～168日	5	6	6	8	9	10	11
2日	73日～120日	3	4	4	5	6	6	7
1日	48日～72日	1	2	2	2	3	3	3

出題パターン

Q1 週所定労働時間が30時間以上で、雇入れの日から起算して6年6か月以上継続勤務し、直近の1年間に、全労働日の8割以上出勤した労働者には、15日の休暇を新たに与えなければならない。

Q2 休暇の請求権は、これを1年間行使しなければ時効によって消滅する。

Q3 監督又は管理の地位にある者及び機密の事務を取り扱う者については、休暇に関する規定は適用されない。

A1=× 設問の条件を満たす労働者は、最大付与日数20日の年次有給休暇を取得する（39条2項）。

A2=× 年次有給休暇の請求権は、その権利が行使できるときから2年間行使しなければ、時効によって消滅する（115条）。

A3=× 勤務の性質上、管理監督者及び機密の事務を取り扱う者については、労働時間、休憩及び休日に関する規定は適用されない（41条2号）。年次有給休暇に関する規定は適用される。

2章 11

労働時間・休日・休暇等8

年少者の就業制限 ここを押さえる

●最低年齢

使用者は、児童が満15歳に達した日以後の3月31日が終了するまで使用してはならない（56条1項）。

ただし、満13歳以上の児童を、非工業的事業（別表第一1～5号を除く）で、児童の健康及び福祉に有害でなく、その労働が軽易なものについては、所轄労働基準監督署長の許可を受けて、修学時間外に使用することができる。

また、満13歳未満の児童については、映画製作又は演劇の事業について同様の扱いで使用することができる（同2項）。

満16歳未満の児童（満15歳到達年度の末日までの者）の労働時間については、1週は修学時間を通算して40時間、1日については修学時間を通算して7時間とする（60条2項）。

●年少者の証明書

満18歳未満の者を使用する場合は、その年齢を証明する戸籍証明書を事業場に備え付けなければならない（57条1項）。

●年少者の労働時間

満18歳未満の者は時間外労働、休日労働が禁止され、厳格に1週間当たり40時間、かつ1日8時間以内とされる（60条1項）。

ただし、変形労働時間制の場合、満15歳以上で満18歳未満の年少者については、1週間当たり48時間、1日8時間を超えない範囲で、1か月（32条の2）及び1年単位（32条の4）の規定が採用できる（60条3項2号）。

●深夜業の禁止

満18歳未満の者を深夜（午後10時から午前5時の間）に使用してはならない。

ただし、交替制によって使用する場合は満16歳以上の男性を深夜に使用することができる（61条1項）。

また、交替制により労働させる事業については、行政官庁の許可を受けて、午後10時30分まで労働させ、又は午前5時30分から労働させることができる（同3項）。

●重量物及び有害業務の就業制限

使用者は、満18歳未満の者を、坑内労働及び有害業務に就かせてはならない（62条2項、63条）。また、重量物を取り扱う業務でも、年齢・性別に応じた制限がある（年少則7条）。

◆年少者の重量物就業制限

年齢及び性		重量（単位：kg）	
		断続作業	継続作業
満16歳未満	男	15	10
	女	12	8
満16歳以上満18歳未満	男	30	20
	女	25	15

なお、給湿を行う紡績又は織布の業務は満18歳未満の者を就かせることができる（62条2項、63条）。

①使用者は、児童が満15歳に達した日以後の3月31日が終了するまで使用してはならない（56条1項）。

②「給湿を行う紡績又は織布の業務」は満18歳未満の者を就かせる（就業制限業務ではない）ことができる（62条、年少則8条）。

■年齢区分別の就業関係（令和4年4月1日より成年年齢は18歳）

年　齢	13歳未満	16歳未満※	18歳未満	18歳以上
労働の禁止	原則禁止（映画子役は可）	非工業的業種で労働が軽易なもの	なし	なし
使用条件	監督署長許可	監督署長許可	—	—
年齢証明書	要	要	要	不要
校長証明書	要	要	不要	不要
親権者同意	要	要	要	不要
時間外労働	不可	不可	不可	可
1日の最大労働時間	修学時間と合わせ7時間	修学時間と合わせ7時間	8時間	8時間＋時間外
1週の最大労働時間	修学時間と合わせ40時間	修学時間と合わせ40時間	40時間	40時間＋時間外
休日労働	不可	不可	不可	可
深夜労働	不可	不可	不可	可

※15歳に達した日以後最初の3月31日が終了する以前の者（中学生以下）

出題パターン

Q1 労使協定による時間外・休日労働をさせる場合、満18歳未満の者については、休日労働はさせることはできないが、満15歳以上の者であれば時間外労働を1日2時間を超えない範囲内でさせることができる。

Q2 満18歳未満の者については、給湿を行う紡績又は織布の業務に就かせることはできない。

A1=× 労基法60条1項により、満18歳未満の者に時間外労働・休日労働をさせることは禁止されている。

A2=× 給湿を行う紡績又は織布の業務は、紡績又は織布の作業で粉じん（糸くず等）が舞い上がる可能性はあるが、給湿を行う（水を霧状に吹き付けるなどしてほこりを舞い上がらせない）業務であり、18歳未満の者の就業制限業務としては規定されていない（62条、年少則8条）。

2章 12

女性・妊産婦等1

女性の就業制限等 ここを押さえる

●女性の時間外・深夜労働等の制限

女性の時間外労働・休日労働・深夜労働に関しては、妊産婦以外の満18歳以上の者（一般女性）については、特段の就業制限は設けられていない。

妊娠中の女性及び産後１年を経過しない女性（以下妊産婦という）が請求したときは、三六協定の締結があっても、時間外・休日労働及び深夜労働については禁止される（66条２項・３項）。

ただし、管理・監督・機密事務の取扱いに該当する女性（41条２号）で妊産婦である者については、時間外・休日労働は適用されないが、深夜労働に関しては、請求した場合は禁止される。

●女性の就業制限

①坑内業務（64条の２）、②重量物取扱い業務、③有害物質の発散作業場業務（64条の３第２項）。

就業制限業務の範囲は、妊産婦の就業制限を規定している女性労働基準規則３条により、一般女性にも準用される。

●変形労働時間制の女性への適用

変形労働時間制の採用の場合、フレックスタイム制（32条の３）は女性のすべてに、制限なく適用が可能である。法的な保護規定はない。

これは労働者自身において、始業・終業時刻を決定し得るためである。

ただし、１年単位制・１か月単位制・１週間の変形労働時間制においては、妊産婦が請求した場合には、その週、あるいはその日が法定労働時間を超えて労働させることが可能な特定の週、あるいは特定の日であったとしても、１週間40時間、１日８時間を超えて労働させることはできない（66条１項）。

●生理休暇

生理日の就業が著しく困難な女性が、それによる休暇を請求した場合は、その女性を生理日に就業させてはならない（68条）。

●育児・介護休業と労働時間

①労働者は男女とも、子が１歳（一定の場合２歳）に達するまで申出により育児休業をすることができる。また、申出により２回分割でも取得可能。（育児・介護休業法５条～９条）。

②労働者は申し出て、要介護状態にある対象家族１人につき常時介護を必要とする状態ごとに１回（分割３回が上限）、通算して93日間の介護休業を取得することができる（育児・介護休業法11条～15条）。

③小学校就学前の子を養育する労働者は、申し出て１年に５日まで、病気・負傷の子のために看護休暇を取得できる（育児・介護休業法16条の２、16条の３）。

②③については、すべての労働者に時間単位での取得が可能。

①妊産婦以外の満18歳以上の一般女性は、時間外労働・休日労働・深夜労働については、特に就業制限はない。

②事業場で変形労働時間制を採用する場合に、妊産婦を除き18歳以上の女性労働者であれば原則として適用が可能である。

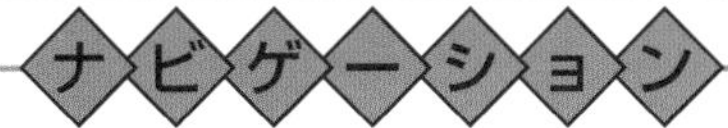

■変形労働時間制（1月単位制）模式図

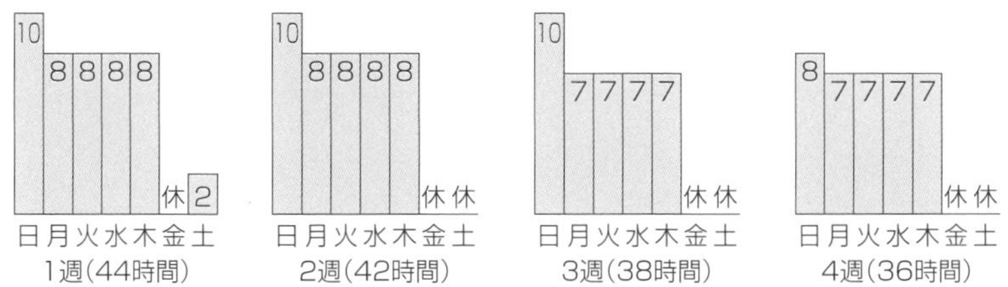

・図において、第１週、第２週、第３週の各日曜日が10時間に特定されているが、これらの日は、妊産婦が請求した場合いずれも**８時間を超えて**労働させてはならない。

・第１週目、日曜日を上記により**８時間**労働としたとしても、１週間の労働時間は、合計**42時間**で**40時間を超える**ので、いずれかの日に**２時間**の**短縮**が必要となる。

出題パターン

Q1 １か月の変形労働制度を採用した場合であっても、妊娠中又は産後１年を経過しない女性が請求した場合には、監督又は管理の地位にある者等労働時間に関する規定の適用除外者を除き、当該女性に対して法定労働時間を超えて労働させることはできない。

Q2 時間外・休日労働に関する労使協定を締結し、これを所轄労働基準監督署長に届け出ている場合であっても、妊産婦が請求した場合には、管理監督者等の場合を除き、時間外・休日労働をさせてはならない。

A1=○ １か月単位の変形労働時間制を採用している場合であっても、妊娠中又は産後１年を経過しない女性が請求した場合には、法定労働時間を超えて労働させてはならない（66条１項）。管理監督者等については、労働時間に関する規定が適用されないので（41条２号）、法定労働時間を超えて労働させることができる。

A2=○ 妊産婦が請求した場合は、時間外労働・休日労働をさせてはならない（66条２項）。管理監督者等については、時間外労働・休日労働をさせることができる。

妊産婦等（1） ここを押さえる

●産前休業

使用者は、6週間（多胎妊娠の場合にあっては、14週間）以内に出産する予定の女性が休業を請求した場合においては、その者を就業させてはならない（65条1項）。

これは、女性が請求した場合に休業させればよい。

請求されない限り、出産日まで就業させても違法ではない。

出産予定日より早く生まれた場合には、産前休業はその分短縮される。

出産予定日より遅く生まれた場合は、産前休業はその分延長される。出産日当日は産前6週間に含まれる。

●産後休業

使用者は、産後8週間を経過しない女性を就業させてはならない（65条2項本文）。

女性の請求の有無にかかわらず、就業させることはできない。

ただし、産後6週間を経過した女性が就業を請求した場合において、その者について医師が支障ないと認める業務に就かせることは差し支えない（同項但書）。

●妊産婦と深夜業

妊産婦とは、妊娠中の女性及び産後1年を経過しない女性をいう。

使用者は妊産婦が請求した場合は、深夜業をさせてはならない（66条3項）。

※適用対象：41条2号に該当する、管理・監督・機密事務を取り扱う女性で、妊産婦である者が請求した場合、時間外労働、休日労働の規定は適用されない。ただし、深夜労働の制限については適用される。

●軽易業務転換

使用者は、妊娠中の女性が請求した場合には、他の軽易な業務に転換させなければならない（65条3項）。

この請求は、妊娠中であることのみが要件で、出産6週間前であること等は要しない。原則として、軽易な業務がある場合に限り転換すれば足り、新たに軽易な業務を創設する必要はない。

●坑内業務の就業制限

女性の坑内業務は必ずしも禁止ではないが、次の各号に掲げる女性を坑内業務に就かせてはならない（64条の2、女性則1条）。

①妊娠中の女性の場合

②産後1年を経過しない女性で、従事しない旨を使用者に申し出た者

●変形労働時間制の適用制限

使用者は、妊産婦が請求した場合において、管理監督者等を除き、変形労働時間制が採用されている場合でも1日及び1週間の法定労働時間を超えて労働させてはならない（66条1項）。

①産後6週間は、いかなる場合でも就業させることはできないが、産前の期間については、女性が請求しなければ、出産日まで就業させてもよい。
②使用者は、産後8週間を経過しない女性を、請求の有無にかかわらず、就業させてはならない。
③産後6週間を経過した女性が就業を請求した場合において、その者について医師が支障ないと認める業務に就かせることは差し支えない。

ナビゲーション

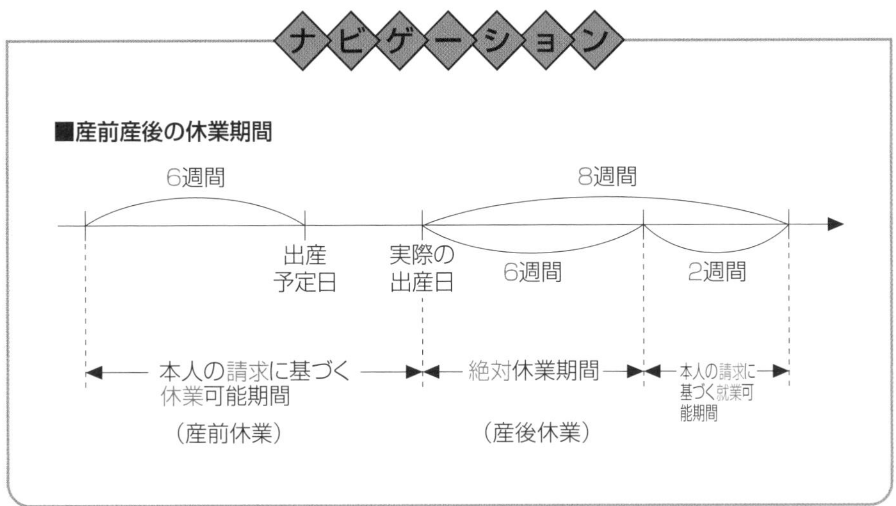

出題パターン

Q1 労使協定による時間外・休日労働をさせる場合、妊娠中又は産後1年を経過しない女性が請求したときには、監督又は管理の地位にある者等労働時間等に関する規定の適用除外者を除き、当該女性に対して時間外・休日労働をさせることはできない。

Q2 1か月単位の変形労働時間制を採用している場合であっても、妊産婦が請求した場合には、管理監督者等の場合を除き、1週間及び1日それぞれの法定労働時間を超えて労働させてはならない。

A1=○ P.83 **A1**、**A2**参照。
A2=○ P.83 **A1**参照。

妊産婦等（2） ここを押さえる

●労働時間等及び深夜業に関する規制

使用者は、妊産婦（妊娠中の女性及び産後１年を経過しない女性）が請求した場合には、変形労働時間制による場合でも、法定労働時間を超えて労働させてはならない（66条１項）。

また、使用者は、妊産婦が請求した場合には、いかなる事由があっても（33条の災害等のための臨時の必要がある場合であっても）、時間外労働又は休日労働をさせてはならない（同２項）。

さらに、使用者は、妊産婦が請求した場合には、深夜労働をさせてはならない（同３項）。41条２号の管理監督者や機密事務を取り扱う秘書である妊産婦についても請求により深夜労働は禁止される（昭61.3.20基発151号）。

●産前産後休業の効果

①休業期間及びその後30日間について解雇制限（解雇禁止）される（19条１項）。

②平均賃金算定の基礎から除外される（12条３項２号）。

賃金については、法律は規定しておらず、労使で任意に決める事項である。

③年次有給休暇発生の要件である出勤率の算定においては、これは出勤したものとみなされる（39条10項）。

●育児時間

生後満１年に達しない生児を育てる女性は、34条の休憩時間のほか１日２回、それぞれ少なくとも30分の育児時間を請求することができる（67条１項）。

これは、女性労働者が請求した場合に与えるべきもので、請求がない者にまで取得させる必要はない。また、１日の労働時間のいつでも取得することができ、１日１回のみ又は２回分合わせて**１回１時間**で取得することも**可能**である。

育児時間は、女性が請求する時間帯に付与しなければならない。

この育児時間をどの時間に請求するかは、原則として本人の自由であり、始業時すぐ、終業時直前に請求してきた場合であっても、使用者としては託児施設の有無を問わず、これを拒否できない。育児時間の賃金については法の規制はなく、有給・無給は当事者間の取り決めでよい（昭33.6.25基収4317号）。

また、育児・介護休業法に基づく勤務時間の短縮等の措置の適用を受けている女性が請求したときであっても、付与しなければならない。

使用者は、育児時間中は、その女性を使用してはならない（67条２項）。

●短時間労働者の育児時間

パートタイマー等で１日の労働時間が４時間以内である者の場合、育児時間は１日１回でよい（昭36.1.9基収8996号）。

①妊産婦が請求した場合には、たとえ災害等のため臨時の必要がある場合でも、時間外労働・休日労働をさせることができない。
②管理監督者である妊産婦も、請求をすれば、深夜業禁止の保護を受けることができる。

■妊産婦への就業制限項目

妊産婦（妊娠中及び産後1年を経過しない女性）
↓
請　求
↓

就業制限項目
①変形労働時間制による法定時間外労働（ただし、フレックスタイム制は除く）
②非常災害・公務等や三六協定による時間外労働、休日労働
③深夜業（管理監督者である妊産婦にも適用される）

出題パターン

Q1 変形労働制度で労働させる場合には、育児を行う者等特別な配慮を要する者に対して、これらの者が育児等に必要な時間を確保できるような配慮をしなければならない。

Q2 妊産婦が請求した場合には、管理監督者等の場合であっても、深夜業をさせてはならない。

Q3 法令に基づく育児休業又は介護休業で休業した期間は、出勤率の算定に当たっては、出勤しなかったものとして算出することができる。

Q4 生後1年に満たない生児を育てる女性労働者は、1日2回各々少なくとも30分の育児時間を請求できる。

A1=○ 労基則12条の6より正しい。

A2=○ 深夜業は母体にとって有害な業務であるから、管理監督者等についても制限される（66条3項）。

A3=× 出勤率の算定に当たっては、育児休業・介護休業期間は出勤したものとみなす（39条10項）。

A4=○ 育児時間は生後1年に満たない生児を育てる女性労働者の請求によって通常の休憩時間とは別途に与えられる。

就業規則 ここを押さえる

●作成義務

就業規則は、労働時間・賃金などの労働条件や、経営上の必要から労働者が就労に際して守らなければならない規律などについて、具体的に定めた職場の規則である。常時10人以上の労働者を使用する使用者は、就業規則を作成し所轄労働基準監督署長に届出をしなければならない。変更した場合も同様である（89条）。

正社員が10人未満であっても、臨時社員であるパートタイマーを含めれば常態として10人以上に至った場合には、就業規則を作成して、遅滞なく、所轄労働基準監督署長へ届け出なければならない（則49条）。

●意見聴取

就業規則は、使用者が作成・変更するものであるが、労働者にも関与し得る機会を与えるため、労働者の過半数で組織される労働組合又は過半数の労働者を代表する者の意見を聴かなければならない（90条１項）。

使用者は、就業規則の届出の際には、労働者を代表する者の氏名を記した「意見書」を添付しなければならない（同２項）。

●就業規則に定める事項（89条１～10号）

①必ず記載しなければならない**絶対的必要記載事項**、②定めをする場合は必ず記載しなければならない**相対的必要記載事項**、③使用者が任意に記載する任意的記載事項がある（ナビ参照）。

●制裁する場合の制限

就業規則で減給の制裁を定める場合には、次の「超えてはならない額」の制限がある（91条）。

①１回の額は**平均賃金**の１日分の半額
②総額が一賃金支払期の**賃金総額**の１/10

●法令及び労働協約との関係

就業規則は、法令又は当該事業場で適用される労働協約に反してはならない。

所轄労働基準監督署長は、法令又は労働協約に抵触する就業規則の変更を命ずることができる（92条）。

●就業規則の効力

就業規則で定める基準に達しない労働条件を定める労働契約は、その部分については無効とする。この場合において無効となった部分は、就業規則で定める基準による（労働契約法12条）。

●労働者への周知

就業規則は、以下の方法で労働者に周知し、いつでも見られる状態にしておくことが必要である。①常に各作業場の見やすい場所に掲示又は備え付ける、②各労働者に書面で渡しておく、③磁気テープ、磁気ディスクなどに記録し、各作業場に労働者がいつでも確認できる機器を設置する（106条、則52条の２）。

①就業規則は、労働基準法以上の労働条件が確保されていなければならない。効力は、労働契約より強いが、労働協約より弱い。
②就業規則の作成・変更についての労働組合等の意見の聴取義務とは、意見を聴けばそれで足りるということであり、労働者の同意はいらないので反対の意見書でも届け出ることができる。

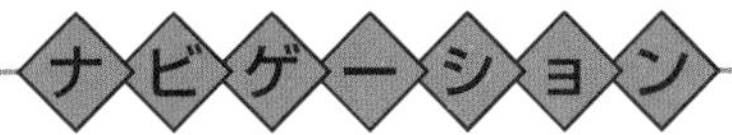

■就業規則の記載事項

	内　容
絶対的必要記載事項	①**始業・終業の時刻**、**休憩時間**、**休日**、**休暇**、交替制で就業させる場合には就業時転換に関する事項 ②**賃金**（臨時の**賃金**等を除く）の**決定**、**計算**・**支払**の方法、**賃金の締切り**、**支払の時期**及び**昇給**に関する事項 ③**退職**（**解雇の事由**を含む）に関する事項
相対的必要記載事項	①**退職手当**に関する事項（適用労働者の範囲、**退職手当**の決定、計算・支払の方法、支払時期） ②臨時の賃金等（**退職手当を除く**）及び**最低賃金額**に関する事項 ③労働者に負担させる食費、作業用品等に関する事項 ④安全及び衛生に関する事項 ⑤職業訓練に関する事項 ⑥災害補償及び業務外の傷病扶助に関する事項 ⑦表彰及び制裁に関する事項 ⑧その他事業場の労働者のすべてに適用する定めに関する事項
任意的記載事項	上記以外の事項 （例：就業規則制定の趣旨、改定の手続きなど）

出題パターン

Q1 就業規則の作成又は変更の手続きとして、事業場の労働者の過半数で組織する労働組合（その労働組合がない場合は労働者の過半数を代表する者）の同意が必要である。

Q2 安全及び衛生に関する事項については、これに関する定めをする場合には就業規則に定めておく必要がある。

A1=× 就業規則の作成又は変更は、労働組合等の同意は必要ない。意見書を添付して行政官庁に届け出ればよい（90条）。

A2=○ 安全及び衛生に関する事項は、定めをする場合に就業規則に記載（相対的必要記載事項）しなければならない（89条6号）。

得点アップのための確認事項

■労働協約の優位性

労働基準法では、労働条件を定める労働協約、就業規則、労働契約の関係も定めている。これらによれば、以下の内容で、労働協約の優位性が認められる。

[労働基準法]

13条　この法律で定める基準に達しない労働条件を定める労働契約は、その部分については無効とする。この場合において、無効となった部分は、この法律で定める基準による。

92条１項　就業規則は、法令又は当該事業場について適用される労働協約に反してはならない。

93条　労働契約と就業規則との関係については、労働契約法12条の定めるところによる。

[労働契約法]

12条　就業規則で定める基準に達しない労働条件を定める労働契約は、その部分については、無効とする。この場合において、無効となった部分は、就業規則で定める基準による。

◆労働基準法・労働協約・就業規則・労働契約の関係・例

	規定内容の適否（○か違反かの）比較
労働基準法（法）	◆労働基準法、労働安全衛生法、労働契約法、民法などで示す労働条件の基準は最低のものであること ①１日の所定労働時間→**８時間** ②時間外労働の割増賃金率→**2.5割**以上
労働協約（「協約」） 法13条	◆労働基準法に違反してはならない※ 上記①について、10時間の規定→**法**に違反。規定できない 上記①について、**７時間30分**の規定→違反しない 上記②について、２割の規定→**法**に違反。規定できない 上記②について、**2.8割**の規定→違反しない
就業規則（「就規」） 法13条 法93条	◆労働基準法・労働協約に違反してはならない 上記①について、８時間の規定→法は○だが「**協約**」に違反 上記①について、**７時間30分**の規定→ともに違反しない 上記②について、2.5割の規定→法は○だが「**協約**」に違反 上記②について、**３割**の規定→ともに違反しない
労働契約 法13条 労働契約法12条	◆労働基準法・労働協約・就業規則に違反してはならない 上記①について、７時間45分の規定→法は○だが、「協約」「**就規**」に違反 上記①について、**７時間**→すべて違反しない 上記②について、2.8割の規定→法・「協約」は○だが、「**就規**」に違反 上記②について、**３割**の規定→すべて違反しない

※ただし、就業規則が労働協約の基準に達しない（反する）場合、「その達しない労働条件の部分」だけが「無効」であるだけで、就業規則全体が無効となるものではない。

第3章

労働衛生の必修20項目

3章 1

温熱条件1

換気 ここを押さえる

●換気の目的

①必要な酸素量の供給
②在室者の汚染のばく露量の軽減
③室内汚染物の除去
④室内燃焼器具への酸素の供給

●換気の方法

換気は、範囲に応じた「**全体換気**」と「**局所換気**」、方法による「**自然換気**」と「**機械換気**」に分けられる。

①自然換気：窓の開放などで、気温差による対流や風などの自然の気流による換気。
②機械換気：機械によって給気・排気して換気。換気扇なども機械換気の1つである。
・連続運転：事務室等の臭気発生を常時換気
・間欠運転：台所や浴室等の臭気・汚染発生源を一時的に換気

※「全体換気」と「局所換気」では、作業上、法令で定める有害物質を取り扱うものについては第2種衛生管理者の範囲ではない。

●換気量

換気量とは、事務所等で1時間に室内に取り入れられる空気量（m^3/h）をいう。

●必要換気量

呼吸では、酸素（O_2）を吸って二酸化炭素（CO_2）を呼出するため、適正な換気が行われないと、CO_2の濃度が高くなる。室内の空気を衛生的に保ち、CO_2の濃度を一定以下にするために**必要な換気量の最小値が必要換気量**である。

呼出するCO_2の量は、労働の強度に応じて増減するので、必要換気量もこれに伴って増減する。

●必要換気量の求め方

必要換気量は、CO_2濃度を基に算出するが、部屋の種類や用途などにより異なる。算出のCO_2濃度は、室内CO_2濃度：0.1%、外気のCO_2濃度：0.04%を基準とする。

■必要換気量の計算式

必要換気量＝

$$\frac{(\text{室内にいる人が1時間に呼出する}CO_2\text{量}(m^3/h))}{(\text{室内}CO_2\text{基準濃度}(0.1\%))-(\text{外気の}CO_2\text{濃度}(0.04\%))}\times100$$

●必要換気回数

必要換気回数＝必要換気量÷気積（部屋の容積）

必要換気量が同じであれば、**換気回数は気積が大きいほど少なくてよく、気積が小さいほど多くなる**。

●吸気と呼気の成分

主な成分の内訳は以下のとおりである。

・吸気成分：O_2が21%、CO_2が0.03～0.04%、窒素（N_2）が78%。
・呼気成分：O_2が16%、CO_2が4%、N_2が78%。

①必要換気量は、衛生上必要な空気量であり、二酸化炭素（CO_2）濃度を基に算出する。
②必要換気量の算出に当たっては、通常、室内二酸化炭素（CO_2）濃度0.1%を基準として用いる。また外気の二酸化炭素基準濃度を0.04%としている。

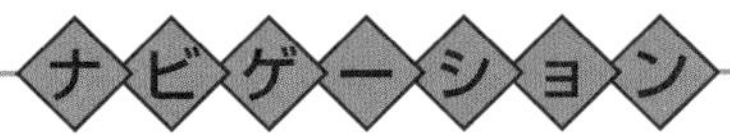

■換気方式

換気の種類	全体換気	場所の全体を換気（作業場等）
	局所換気	場所の一部を換気（台所・トイレ・浴室等）
換気の方法	自然換気	換気口により、風力・気温差等から換気量が変動
	機械換気	ファン等で強制的に排気・給気を行う。確実な換気が可能

■必要換気量の計算例
在室人数20人、外気CO_2濃度0.04%、室内CO_2濃度0.1%、呼出CO_2濃度４%、１人当たりの呼気量は毎分10Lである。この部屋の必要換気量（m^3/h）が約800m^3/hであるとき、計算式は次のようになる。

必要換気量（m^3/h）
＝在室者の１時間当たりの呼出CO_2量（m^3/h）÷（室内CO_2濃度－外気CO_2濃度）
＝（10L×20人×60分×0.04×0.001）÷（0.001－0.0004）
＝0.48÷0.0006≒800（m^3/h）
※計算するときは単位をそろえる。

出題パターン

Q1 事務室内において、空気を外気と入れ換えて二酸化炭素濃度を1,000ppm以下に保った状態で、在室することのできる最大の人数は次のうちどれか。
ただし、外気の二酸化炭素濃度を400ppm、外気と入れ換える空気量を500m^3/ｈ、１人当たりの呼出二酸化炭素量を0.016m^3/ｈとする。
（１）14人　（２）16人　（３）18人　（４）20人　（５）22人

Q2 新鮮外気中の酸素濃度は、約21%、二酸化炭素濃度は、0.04%程度である。

A1=（３）。必要換気量（500（m^3/h））の計算式は、単位をそろえ（ppmは%に）下式で算出する。
500（m^3/h）＝0.016（m^3/h）×X人÷（0.1%－0.04%）×100から、X≒18.8（人）となる。

A2=○ 外気中酸素濃度は21%、二酸化炭素濃度は0.04%である。

3章 2

温熱条件2

温熱環境(1) ここを押さえる

●快適な温度

温熱環境とは、温度感覚を左右する環境のことであり、作業をする場所（室内等）が「暑くもなく寒くもなく」、作業をする上で生理的に快適に感じられる温度を至適温度という。

至適温度は、作業の内容・年齢・性別などで異なり、季節、被服、飲食物等によっても影響を受ける。

●温熱指標

温熱感覚は、環境側からみた気温・湿度・気流・輻射熱（放射熱）の温熱4要素と、人体側の**代謝量**・**着衣量**がかかわっているとされる。これらによって作られる一定の温熱条件を表現する尺度を**温熱指標**（又は温熱指数）という。

●温熱指標の種類

①実効温度

気温、湿度、気流の3要素で表し、感覚温度ともいう。乾球温度、湿球温度、気流で求め、輻射熱は含まない。

②修正実効温度

実効温度（上記3要素）に輻射熱の影響を加味したものである。

③不快指数

乾球温度、湿球温度で求める。

④WBGT

自然湿球温度、黒球温度、乾球温度で求める。暑熱環境での熱ストレスを評価する指数（暑さ指数）。高温職場の許容基準、スポーツ時や日常生活時の熱中症予防の指標として使用される。

以下のように、2つのパターンで算出する。

・日射がある場合
WBGT＝0.7Twb＋0.2Tg＋0.1Tdb

・日射がない場合
WBGT＝0.7Twb＋0.3Tg

〔Twb：自然湿球温度(℃)、Tg：黒球温度(℃)、Tdb：乾球温度(℃)〕

●黒球温度計

温熱測定機器の1つで、輻射熱を吸収するように設計されている。図の、黒つや消しエナメルの球体・中空部分の温度で計測する。

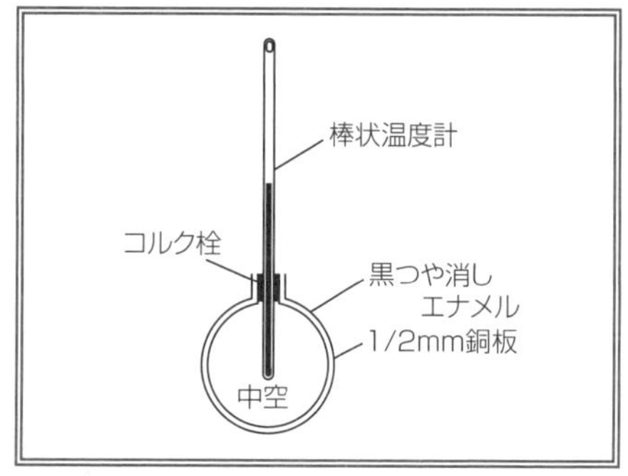

①暑からず、寒からずの快適な温度を至適温度という。年齢・性別などで異なり、季節、被服、飲食物等によっても影響を受ける。
②温熱感覚は、気温・湿度・気流・輻射熱（放射熱）の温熱4要素と代謝量・着衣量がかかわっている。
③実効温度は感覚温度ともいい、気温、湿度、気流の3要素で表す。
④暑さ指数を示すWBGTは、自然湿球温度、黒球温度、乾球温度で求める。

■主な温熱計測器具と特徴

計測器具	計測対象	特徴等
アウグスト乾湿計	気温、湿度	気流、輻射熱の影響を受けやすい
黒球温度計	輻射熱	修正実効温度
アスマン通風乾湿計	気温、湿度	気流、輻射熱の影響を受けない
カタ寒暖計	微弱な気流	気流による冷風力を計算し気流を推定

出題パターン

Q1 WBGT（湿球黒球温度）に関する次の文中に入れるAからCの語句の組合せとして、正しいものは（1）～（5）のうちどれか。

日射がある場合：

WBGT＝0.7×(A)＋0.2×(B)＋0.1×(C)

日射がない場合：

WBGT＝0.7×(A)＋0.3×(B)

	A	B	C
（1）	自然湿球温度	黒球温度	乾球温度
（2）	自然湿球温度	乾球温度	黒球温度
（3）	乾球温度	黒球温度	自然湿球温度
（4）	乾球温度	自然湿球温度	黒球温度
（5）	黒球温度	自然湿球温度	乾球温度

Q2 算出したWBGTの値が、作業内容に応じて設定されたWBGT基準値未満である場合には、熱中症が発生するリスクが高まる。

A1=(1)。A＝自然湿球温度、B＝黒球温度、C＝乾球温度である。

A2=× WBGT基準値未満であるから熱中症が発生するリスクは低い。

温熱環境（2）ここを押さえる

人間の活動は、温熱環境により生産効率などで大きな影響を受ける。

体内の代謝も同様で、冬の乾燥状態では温かさを感じにくく、夏に風があったり、湿度が低かったりすると過ごしやすい。このように、体感温度では湿度や気流等も快不快に大きな影響を与える。

●湿度

湿度の表し方には次のものがある。

①**絶対湿度**：水蒸気の密度で、空気中（通常1 m^3）に含まれる水蒸気の質量をg/m^3で表したもの。

②**相対湿度**：**空気中の水蒸気量**と、そのときの温度における**飽和水蒸気量との比**を百分率（％）で表したもので、乾球温度と湿球温度で求める。日頃の生活で用いられる湿度はこれに該当する。

③**実効湿度**：数日前からの湿度（日平均湿度）に経過時間を勘案して計算する。木材の乾燥の程度を表す指数で、実効湿度が50～60％以下になると火災の危険性が高まる。

●不快指数

不快指数は、乾球温度と湿球温度で求める蒸し暑さの指数。気流・輻射熱が考慮されていないため、屋外での体感とは異なる面がある。以下の式で求める。

不快指数

＝0.72×（乾球温度＋湿球温度）＋40.6

●乾湿計の種類

①**アウグスト乾湿計**：一般家庭でも使われている2本の温度計からなる。湿球は、気化熱のため乾球より低い**温度**を示し、両球の示す温度差から湿度を算出する。

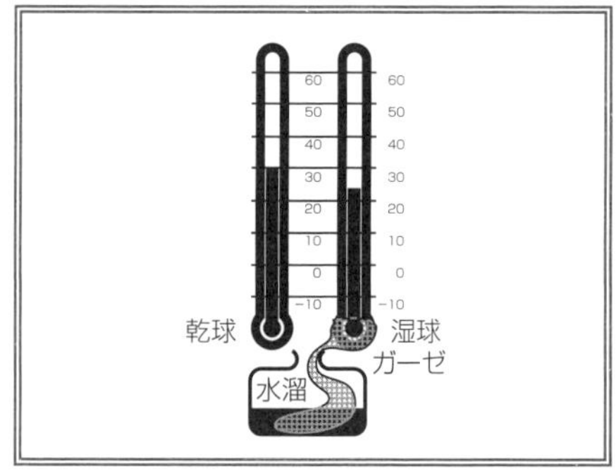

②**アスマン通風乾湿計**：アウグスト乾湿計の欠点である気流及び輻射熱の影響を受けず、実効温度の測定に用いる。

●熱の伝わり方

①**伝導**：物体の高温部から低温部に熱の移動が起こること。

②**輻射**：熱がエネルギーとなって、空間を直進移動する現象。放射ともいい、地上の物質が太陽熱によって温められるのはその代表である。逆に夜間、地上から宇宙に熱エネルギーが放射され、気温が下がる状態を放射冷却と呼ぶ。

③**対流**：熱が気体や液体などの流体運動によって移動すること。

①相対湿度とは、空気中の水蒸気量と、そのときの温度における飽和水蒸気量との比の百分率（%）で、乾球温度と湿球温度から求める。

②不快指数は、乾球温度と湿球温度で求める蒸し暑さの指数であるが、気流・輻射熱が考慮されていない。

■不快指数の計算式

不快指数の求め方は、前ページの式だけではなく、相対湿度（%）を使った次の計算式も使われる。

不快指数（気温と湿度がわかっている場合）

$=0.81T+0.01H\times(0.99T-14.3)+46.3$ （T：乾球温度℃、H：相対湿度%）

■不快指数と体感

不快指数	日本人の体感
86以上	我慢できない不快
80以上	すべての人が不快
75以上	半数以上が不快
70	不快感始まる
68以下	快適に感じる

一般的にもよく知られた指数であるが、快不快の基準となるサンプルは示されていない。

出題パターン

Q1 実効温度は、人の温熱感に基礎を置いた指標で、気温、湿度、気流の総合効果を温度目盛りで表したものである。

Q2 温度感覚を左右する環境条件は、気温、湿度、気流及び放射（輻射）熱である。

Q3 相対湿度は、空気中の水蒸気量と、その温度における飽和水蒸気量との比を百分率で示したものである。

A1=○ 実効温度は気温、湿度、気流から求める温度指標。感覚温度ともいう。

A2=○ 温熱要素は、気温、湿度、気流の 3 要素（実効温度）に放射（輻射）熱を加えたもので、修正実効温度ともいう。

A3=○ 相対湿度は、「空気中の水蒸気量÷そのときの温度での飽和水蒸気量×100」で求める。

採光・照明 ここを押さえる

●採光・照明とは

採光とは、自然光により明るさを得ることであり、照明とは人工光によるものである。

●採光・照明の基本

①まぶしさ（グレア）がないこと

前方から明かりを取るときは、眼と光源を結ぶ線と視線とで作る角度が、30度以上になるようにする。室内の彩色は、眼の高さ以下の壁面を濁色、眼より上方の壁や天井を明るい色にする。

②適度な影があること

立体感をつかみやすいのは、適度な影があることである。

③均一な明るさがあること

最大と最小の照度差は平均照度の30%以内がよい。

④作業に適した明るさがあること

●照度

ルクス（lx）という単位が使われ、明るさ（光を受ける量）を表す。発光体そのものの明るさは、光度（カンデラ）や輝度の単位で表す。

●作業場の照度（安衛則604条）

作業の区分	基　準
精密な作業	300ルクス以上
普通の作業	150ルクス以上
粗な作業	70ルクス以上

※１ルクス＝１カンデラの光源から１m離れた所で光に直角な面が受ける明るさに相当する。

●全般照明と局部照明

全般照明は室内全体を、局部照明は視作業に必要な範囲のみを明るくする。局部照明だけに頼ると、作業場などの照度が不均一になる。両方を併用する場合、全般照明の照度は、局部照明の１/10以上とする。

●照明方法の種類と特徴

①直接照明：光源（電球）から出る光が直接当たるため、強い影を作る。眼が疲れやすくなるので、間接照明など併用するとよい。工場の照明に適する。

②間接照明：光を天井や壁に反射させて照らす。柔らかい光なので、直接照明や半間接照明を併用して、適度な陰影をつけるようにするとよい。影が出にくく、グレアの少ない照明になる。

③半間接照明：室全体が明るく、グレアが比較的少ない。学校などに適する。

④全般拡散照明：まぶしさが少なく、住宅用照明として最も普及している。

※グレア：視野に極端に明るい点や面が見えることで、「まぶしい・見にくい」と感じること。

●開角と仰角

開角は、室内の一点と窓の上辺を結ぶ線が、その一点と隣接建物の頂点とを結ぶ線とで作る角度で５度以上必要とされる。仰角は、水平線と作る入射角で28°以上必要とされる。

①**前方から明かりを取るときは、眼と光源を結ぶ線と視線とで作る角度が、少なくとも30度以上必要である。**
②**全般照明と局部照明を併用する場合、全般照明の照度は局部照明の1/10以上とする。**
③**室内の彩色は、眼の高さ以下の壁面を濁色にし、眼より上方の壁や天井を明るい色にする。**

■重要キーワード

キーワード	解　説
ルクス（lx）	・明るさを表す単位 ・1ルクス（lx）は、1カンデラ（cd）の光源から1m離れた所でその光に直角な面が受ける明るさに相当
採　光	・**自然光**によって明るさを得ること
照　明	・**人工光**（電灯など）の光源を用い明るさを得ること
全般照明	・照度は、**局部照明**の照度の**1/10以上**が望ましい
局部照明	・検査作業など手元が高照度であることを要する作業場で用いる
直接照明	・影やまぶしさを伴い、眼疲労を起こしやすい
間接照明	・立体感を出す場合は不向き
彩　色	・物に色をつけること。彩り ・**眼より上方**の壁や天井は照明効果の高い**明るい色**、**眼の高さ以下**の壁は安定感を出す**濁色**がよい

※**明度**は物体面の明るさを、**彩度**は色の鮮やかさの度合いを表す。室内の彩色では、明度を高くすると照度を上げる効果はあるが、**彩度を高くしすぎる**と**交感神経の緊張**を招きやすく、長時間にわたる場合は疲労を招きやすい。

出題パターン

Q1 前方から明かりを取るときは、眼と光源を結ぶ線と視線とで作る角度が、30度以下になるようにするとよい。

Q2 部屋の彩色に当たり、眼の高さから上の壁及び天井は、まぶしさを防ぐため濁色にするとよい。

Q3 全般照明と局部照明を併用する場合、全般照明による照度は、局部照明による照度の15分の1以下になるようにしている。

A1=× 前方から明かりを取るときは30度以上になるようにする。

A2=× 眼の高さ以下を濁色にし、眼より上の壁などは明るい色がよい。

A3=× 全般照明による照度は、局部照明による照度の10分の1以上必要である。

3章 5

作業環境条件1

情報機器作業 ここを押さえる

●情報機器ガイドライン

厚生労働省の「情報機器ガイドライン」では、①1日4時間以上の作業又は相当程度拘束性があるとするもの（すべての者が健診対象）、②それ以外の作業（自覚症状を訴える者のみ健診対象）に分け、作業の例を明示している。

※情報機器作業：パソコンやタブレット端末等の情報機器を使用して、データの入力・検索・照合等、文章・画像等の作成・編集・修正等、プログラミング、監視等を行う作業。

●作業環境管理内容

（1）照明及び採光

室内は、できる限り明暗の対照が著しくなく、まぶしさを生じないようにする。

①ディスプレイを用いる場合の書類上及びキーボード上の照度は300ルクス以上とする。

②ディスプレイ画面、書類及びキーボード面の明るさと周辺の明るさの差はなるべく小さくする。

③グレア防止のため、間接照明等の器具を用いるなど。

（2）机又は作業台

床からの高さは60～72cm程度の範囲で調整できること、高さ調整ができない場合は、65～70cm程度（男女の平均値）のものを用いることが望ましい。

●作業管理内容

作業時間や作業姿勢について、作業特性や個々の作業者に合った適切な作業管理を行う。

①一連続作業時間が1時間を超えないようにする。

②間に10～15分の作業休止時間を設ける。

③一連続作業時間内で1～2回程度の小休止を設ける。

④ディスプレイは、おおむね40cm以上の視距離を確保する。

⑤ディスプレイ画面の上端が眼の高さとほぼ同じか、やや下になる高さにする。

⑥ディスプレイ画面上の文字の高さは、おおむね3mm以上が望ましい。

⑦座位では椅子に深く腰をかけて、履き物の足裏全体が床に接した姿勢を基本とする。

●情報機器作業健康診断

作業者に対しては、配置前及び1年以内ごとに1回、定期健康診断を行わなければならない（一般の定期健康診断と併せて実施してもよい）。

◆健康診断の調査・検査項目

①業務歴の調査、②既往歴の調査、③自覚症状の有無の調査：眼疲労、上肢・頸肩腕部等の筋骨格系症状、ストレス症状、④眼科学的検査：視力、屈折、調節機能等、⑤筋骨格系検査：上肢の運動機能、圧痛点等

※筋骨格系の障害は自覚症状が先行する。

①情報機器作業では、一連続作業時間が1時間を超えないようにし、間に10～15分の作業休止時間を設ける。また一連続作業時間内において1～2回程度の小休止を設ける。
②ディスプレイを用いる場合の書類上やキーボード上の照度は300ルクス以上が適切である。

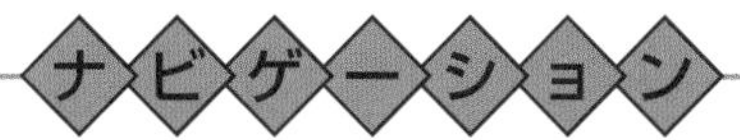

■重要キーワード

項　目	キーワードと解説
視野及び照度等	・ディスプレイを用いる場合の書類上及びキーボード上の照度 →300ルクス以上 ・ディスプレイの視距離→おおむね、40cm以上 ・ディスプレイの高さ→画面の上端が眼と同じ高さかやや下 ・グレア防止→反射防止型ディスプレイ、グレア防止照明器具等の採用 ・ディスプレイ表示文字→文字の高さおおむね3mm以上
作業時間	・一連続作業時間（単純入力型・拘束型）→1時間を超えないこと ・作業休止時間→次の連続作業開始までの間10～15分設ける ・一連続作業時間における作業休止回数→1～2回必要
情報機器健康診断	・検査項目 ①業務歴の調査、②既往歴の調査、③自覚症状有無の調査、④眼科学的検査、⑤筋骨格系検査 ・情報機器健康診断は、1年以内ごとに1回、定期に実施する。なお、一般定期健康診断と併せて実施できる

出題パターン

Q1 ガイドラインによれば、情報機器作業では、ディスプレイを用いる場合の書類上及びキーボード上における照度は、300ルクス以下になるようにする。

Q2 一連続作業時間が2時間を超えないようにし、次の連続作業までの間に10～15分の作業休止時間を設ける。

Q3 情報機器作業による健康障害は、一般に他覚的所見より自覚症状の方が先行して発症するといわれている。

A1=× 書類上及びキーボード上の照度は、300ルクス以上にする。

A2=× 一連続作業時間が2時間ではなく、1時間を超えないようにし、次の連続作業までの間に10～15分の作業休止時間を設ける。

A3=○ 情報機器作業による健康障害は、自覚症状が先行する（愁訴先行型という）。健康診断では自覚症状の有無の調査が重要である。

3章 6

作業環境条件 2

腰痛予防対策 ここを押さえる

●腰痛の主な発生要因

腰痛は、職場における多元的な発生要因と、作業様態や労働者等の状況の影響を受ける。

◆主な発生要因

①動作要因（重量物の取扱い、介護・看護の抱上げ作業、長時間の拘束姿勢等）
②環境要因（車両運転等による腰部・全身への長時間振動、温度、床面状態等）
③個人的要因（年齢や性による差、作業台の不適合、既往症があること等）
④心理・社会的要因（過度な長時間労働、職場での対人ストレス、過度の疲労等）

厚生労働省の指針では、腰痛予防対策として労働衛生管理体制を整備し、以下の３つの管理及びリスク対策を総合的・継続的に取り組むこととしている。

●作業管理

身体的な負荷となる発生要因の排除や作業の自動化・省力化など作業標準を策定する。

①**人力のみ**で取り扱う重量物の**重量**は、**満18歳以上の男性**の場合、体重の約40%以下となるように努める。女性は男性の重量の約60%くらいまでとする（P.80年少者の重量物就業制限も参照）。
②**作業台の高さ**は肘の曲げ角度がおよそ90度とし、**緻密な作業**では高め、**力を要する作業**では低めが適切となる。
③長時間の立位作業では、座面の高い椅子等を配置、椅座位作業も考慮する。
④**腰部保護ベルト**は、一律ではなく個人ごとに使用の適否を判断する。

●作業環境管理

作業環境や機器・設備等の人間工学的配慮が、腰痛の発生防止に重要である。

①温度：作業強度により**体熱の発生量**が異なる。**座作業**ではやや高め、**重量物取扱い作業**では低めに配慮する。
②照明：作業場所等の安全が確認できる適切な照度を保つ。
③作業姿勢は、椅子に深く腰を掛けて、背もたれで体幹を支え、履物の足裏全体が床に接するようにする。
④建設機械等の**車両運転等**では、座席等の振動**ばく露の軽減**に配慮する。

●健康管理

重量物取扱い・介護・看護等、腰部に著しい負担のかかる作業に常時従事する労働者には、以下の内容を実施する。

①**健康診断**：作業の配置前及びその後６か月以内ごとに１回、定期に実施する（診断項目についてはナビ参照）。
②**腰痛予防体操**：筋疲労回復、柔軟性・リラクゼーションを高めるために適宜実施。
③**労働衛生教育**：作業の配置前及びその後、必要に応じ実施する。

①介護・看護作業等腰部に著しい負担のかかる作業に常時従事する労働者に対しては、作業の配置前及びその後6か月以内ごとに1回、定期に、医師による腰痛の健康診断を実施する。
②長時間労働・過重な疲労・心理的負荷も腰痛の原因となり得る。

■重量物取扱い作業、介護・看護作業等従事者の健康診断項目

診断項目	診断内容	配置前	定期健診
①既往歴・業務歴の調査	腰痛に関する病歴及びその経過	○	○
②自覚症状の有無の検査	腰痛、下肢痛、下肢筋力減退、知覚障害等	○	○
③脊柱の検査	姿勢異常、脊柱の変形、脊柱の可動性等	○	①②の結果、医師が必要と認めた場合追加
④神経学的検査	神経伸展試験、深部腱反射、知覚検査等	○	
⑤脊柱機能検査	クラウス・ウェーバーテスト又は背筋力等の機能テスト	○	×
⑥画像診断・運動機能テスト	—	医師が必要と認めた場合に実施	医師が必要と認めた場合に実施

（厚生労働省「職場における腰痛予防対策指針」）

※腰椎エックス線検査：配置前・定期健診で医師が必要と認めた者について行う。立位2方向撮影検査から骨粗鬆の変異性、外傷性、形態所見が診断できる。

出題パターン

Q1「職場における腰痛予防対策指針」で、当該作業に配置する際に行う健康診断の項目として、適切でないものは次のうちどれか。

（1）既往歴（腰痛に関する病歴及びその経過）及び業務歴の調査
（2）自覚症状（腰痛、下肢痛、下肢筋力減退、知覚障害等）の有無の検査
（3）上肢のエックス線検査（2方向撮影）
（4）脊柱の検査（姿勢異常、脊柱の変形等の検査）
（5）神経学的検査（神経伸展試験、深部腱（けん）反射等の検査）

Q2 満18歳以上の男性労働者が人力のみで取り扱う物の重量は、体重のおおむね50%以下となるようにする。

A1=（3）。上肢のエックス線検査ではなく腰椎のエックス線検査である。
A2=× 満18歳以上の男性の場合、体重の約40%以下となるように努める。

労働衛生管理統計 ここを押さえる

●労働衛生管理統計の内容

労働衛生管理統計を用いると、事業場の労働衛生管理状態の結果を基に、当該事業場の労働衛生問題が明らかになり、目標設定と改善を推進していくことが可能となる。労働衛生管理統計に用いられる統計の種類には、①衛生管理体制の整備統計、②健康診断結果統計、③健康管理統計、④ストレスチェック診断統計などがある。

●スクリーニング

スクリーニング検査とは、選別試験ともいわれ、一定の集団を対象に、特定の疾病の疑いのある者を発見する検査で、健康診断の集団検診などが該当する。

検査によって、疾病ありと判断された場合を陽性といい、疾病なしと判断された場合を陰性という。集団の中から正常者と有所見者を選び出すための判定値を**スクリーニングレベル**と呼ぶ。

スクリーニング検査では、正常者のうち、疾病あり（陽性）と判定された人数の割合を「偽陽性率」といい、有所見者でありながら疾病なし（陰性）と判定された人数の割合を「偽陰性率」という。

労働衛生管理におけるスクリーニングでは、「有所見者が正常者と判定されるケース」を避けるべきとされ、スクリーニングレベルが低く設定されている。

統計データとしては、有所見者の割合が増え（正常者を有所見者と判定する率（偽陽性率）が高くなり）、有所見者判定の的中率が低くなる。

逆に、スクリーニングレベルを高く設定すると、有所見者の割合が減り、有所見者を正常者と判定する率が高くなることから、病気が疑われる人を健康と判定する確率（偽陰性率）が高くなる。

この結果を避けるため、スクリーニングレベルは低く設定されている。

●健康管理統計

・有所見率：検査が行われた時点の有所見者の割合

・発生率：一定期間に有所見者が発生した割合

●疾病休業統計

疾病休業統計は、労働者の疾病による休業状態を調べるもので、休業扱いの者や子会社への出向者等を除く在籍労働者すべてが対象である。

①**疾病休業日数率**＝（疾病休業延日数／延所定労働日数）×100

②**病休件数年千人率**＝（疾病休業件数／在籍労働者数）×1,000

③**病休強度率**＝（疾病休業延日数／延実労働時間数）×1,000

④**病休度数率**＝（疾病休業件数／延実労働時間数）×1,000,000

⑤負傷休業日数率＝（負傷休業延日数／延所定労働日数）×100

①スクリーニング検査では、正常者のうち、疾病あり（陽性）と判定された人数の割合を「偽陽性率」といい、有所見者でありながら疾病なし（陰性）と判定された人数の割合を「偽陰性率」という。
②スクリーニングレベルは低く設定されている。
③統計データとしては、有所見者の割合が増え（正常者を有所見者と判定する率（偽陽性率）が高くなり）、有所見者判定の的中率が低くなる。

■統計

- 統計上使われる正規分布（ガウス分布）は、数値が左右対称に近い形で、中央の平均から左右にカーブを描く釣り鐘状の分布（ヒストグラム）となる。
- 正規分布上の**データのばらつき**は、標準偏差（ばらつきの大きさの尺度）やデータの偏差を使った分散の値で**表される**が、この分散、標準偏差及び平均で分布状態を説明できる。
- **異なる集団を比較**する場合、**平均値が等しく**ても**分散が異なって**いれば、**異なった特徴**を持った集団と評価することができる。相関関係が認められても、因果関係がないこともある。

※分散：個々のデータと平均値の差を求め、値をそれぞれ2乗し、それらを合計したものをデータの個数で割ることで求める。
※集団の動態データは「**ある期間**」、静態データは「**ある時点**」に関するものである。

出題パターン

Q 疾病休業日数率を表す次式中の□内に入れるAからCの語句又は数字の組合せとして、正しいものは（1）～（5）のうちどれか。

疾病休業日数率＝$\dfrac{\boxed{A}}{\text{在籍労働者の}\boxed{B}}$×$\boxed{C}$

	A	B	C
（1）	疾病休業延日数	延所定労働日数	100
（2）	疾病休業延日数	延所定労働日数	1000
（3）	疾病休業件数	延所定労働日数	1000
（4）	疾病休業延日数	延所定労働時間数	100
（5）	疾病休業件数	延所定労働時間数	1000

A=（1）。疾病休業日数率は、疾病休業延日数を在籍労働者の延所定労働日数で割り、100をかけたものである。

3章 8

労働衛生対策2

労働衛生管理 ここを押さえる

●労働衛生管理対策の目的

労働衛生管理対策は、職業性疾病の発生を未然に防止するための管理であり、①作業環境管理、②作業管理、③健康管理がある。

その目的は、作業者が有害因子により労働能力を低下させられることがないようにすることにある。

●労働衛生の3管理

①作業環境管理

適正な作業環境を確保するため、また情報機器作業では作業者の疲労を軽減するため、照度や採光、換気等について措置を行う。

腰痛防止対策としては、作業場の温度、照明、作業空間や設備、振動など安全な環境や機器・設備等の人間工学的な配慮などが重要となる。

②作業管理

作業自体を管理すること、つまり、作業の方法や内容を適切に保つことで、作業環境を良好に保つものである。作業管理の内容は広範囲にわたり、作業強度、作業密度、作業姿勢などが含まれる。

作業管理を進める手順としては、労働負荷の程度、作業手順、作業姿勢など作業そのものの分析から始め、作業管理を進める際には、まずは職場の実情を把握することが基本である。そして、衛生管理者が作業者とともに改善方法を検討していくことが有効である。

③健康管理

健康診断や健康測定を通じて、労働者の健康状態を把握し、その結果に基づく適切な事後措置や保健指導を実施して労働者の健康の保持増進を図る。

例として、産業医の意見を踏まえた配置転換や、情報機器作業、腰痛予防対策では統計的な把握等を基にした健康相談や**職場体操**などの対策がある。

労務管理的な要素もある中で、健康指導を含めた生活全般にわたる幅広い内容である。

●労働衛生教育

3管理を効果的に進めるには、労働衛生管理体制の整備や労働衛生教育の実施が不可欠である。教育方法はOJT（職場内教育）を重視し、視聴覚教材の活用、マンツーマン指導を基本とする。

●労働衛生管理の統計調査

厚労省では、毎年、事業場の労働安全衛生管理状況などの実態調査を行っている。労働衛生管理では、作業時間・方法、勤務形態、作業環境測定、健康診断、疾病状況等の結果などを労働衛生管理統計で評価する（P.104参照）。

①労働衛生の3管理とは、作業環境管理、作業管理、健康管理である。
②作業管理の手順としては、労働負荷の程度、作業手順、作業姿勢など作業そのものの分析から始める。

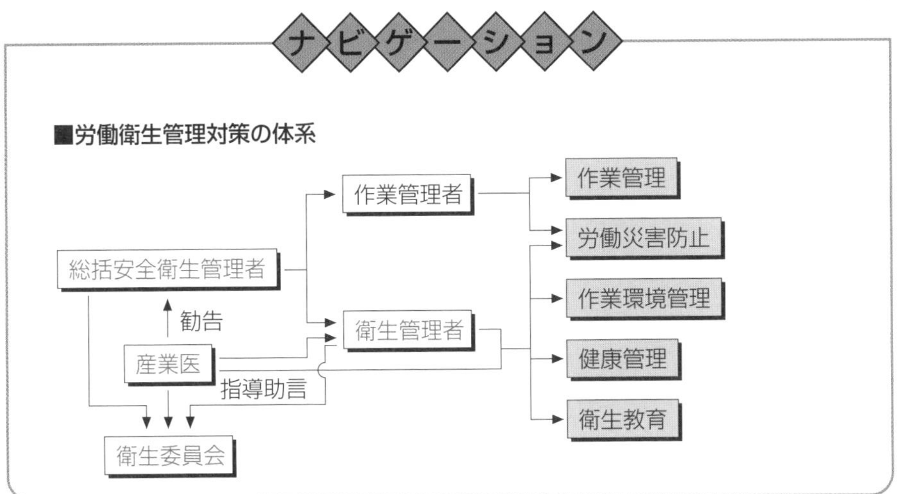

出題パターン

Q1 作業管理とは、換気設備の改善等の工学的な対策によって、作業環境を良好な状態に維持することをいう。

Q2 作業管理の内容は、広い範囲にわたり、作業強度、作業密度、作業姿勢などが含まれる。

Q3 作業管理を進める手順としては、労働負荷の程度、作業手順、作業姿勢など作業そのものの分析から始める。

Q4 健康管理では、身体の健康に関するもののほか、ストレス等に関連した心の健康の確保対策が必要とされている。

A1=× 作業管理は作業自体の管理、つまり、作業の方法や内容を適切に保つことで、作業環境を良好に保つものである。

A2=○ 作業管理の内容には、作業強度、作業密度、作業姿勢などが含まれる。

A3=○ 作業管理を進める手順としては、まずは作業そのものの分析から始める。

A4=○ 健康管理は、健康診断や健康測定による健康状態の把握、健康障害要因の排除、健康の増進を図ることが目的であり、生活指導やストレス等に対するケアを実施する。

3章 9

健康の保持増進1

健康測定 ここを押さえる

●健康測定の目的

健康測定は、すべての人を対象に、自らが積極的に健康づくりに取り組む姿勢を作るという、健康の保持増進が目的である。従来の健康診断に加え、体力測定や生活状況の調査、さらに指導まで一貫して行われる。

健康障害や疾病の早期発見を目的とする、一般の健康診断とは異なる。

●運動機能検査の具体的な内容

筋力＝握力：前腕の筋力を測定

筋持久力＝上体起こし：腹筋の持久力を測定

柔軟性＝長座位体前屈：関節の可動域と筋の伸展性をみる

敏捷(しょう)性＝全身反応時間：光に対する、体重を負荷にした跳躍反応を測定

平衡性＝閉眼片足立ち：視覚に頼らず体のバランスを保つ機能を測定

全身持久力＝最大酸素摂取量の測定

●健康測定項目（太字は定期健康診断にはなくて健康測定項目にあるもの）

問診	喫煙歴、服薬歴、既往歴、業務歴、**家族歴**、自覚症状、その他
生活状況調査	仕事の内容、**通勤方法**、**生活リズム**、**趣味・嗜好**、**運動習慣・運動歴**、**食生活**、メンタルヘルスケア、**口腔保健**、その他
診察	聴診、視診、打診、触診
医学的検査	
形態	身長、体重、皮下脂肪厚（上腕伸展部及び肩甲骨下端部）
循環機能	血圧、心拍数、安静時心電図、運動負荷試験
血液	ヘモグロビン濃度、赤血球数、LDLコレステロール、HDLコレステロール、トリグリセライド、血糖（空腹時）又はグリコヘモグロビン、尿酸、BUN又はクレアチニン、GOT（AST）、GPT（ALT）、γ-GTP
呼吸機能	%肺活量、１秒率
尿	尿糖、尿蛋白
その他	胸部エックス線
運動機能検査	**筋力、筋持久力、柔軟性、敏捷性、平衡性、全身持久力**
指導	運動指導、保健指導、栄養指導、心理相談（メンタルヘルスケア）

※事業場における労働者の健康保持増進のための指針：事業者は計画の策定と支援表明。健康測定の結果に対しては、運動・保健・栄養指導、メンタルヘルスケアの実施、産業医のスタッフ指導、外部機関への委託などを定める。

①健康測定とは、自らが積極的に健康づくりに取り組む姿勢を作る健康の保持、増進が目的である。健康障害や疾病の早期発見が目的の、一般の健康診断とは異なる。
②健康診断に加え、体力測定や生活状況の調査、さらに指導まで一貫して行われる。

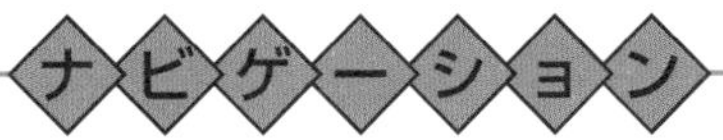

■健康指導の種類、内容、実施者

項目	内容	担当者
運動指導	・運動プログラムの作成及び運動実践を行うための指導（個人の生活状況、趣味、希望等を配慮する） ・運動実践の指導援助（個人の健康状態に合った適切な運動を、職場生活を通して定着させ、健康的な生活習慣を確立することができるよう配慮する）	運動指導担当者
保健指導	・勤務形態や生活習慣に配慮した健康的な生活指導、教育（睡眠、喫煙、飲酒、口腔保健等）	産業保健指導担当者
メンタルヘルスケア	・メンタルヘルスケアの実施 ・ストレスに対する気づきの援助 ・リラクゼーションの援助	心理相談担当者
栄養指導	・食習慣、食行動の評価とその改善の指導	産業栄養指導担当者

出題パターン

Q1 健康測定における運動機能検査では、筋力、柔軟性、平衡性、敏捷（しょう）性、全身持久力などの検査を行う。

Q2 健康測定における医学的検査は、労働者の健康障害や疾病を早期に発見することを主な目的として行う。

Q3 健康測定の結果に基づき、個々の労働者に対して運動実践の指導を行う産業保健指導担当者を配置する。

A1=○ 運動機能検査では、記述の内容の検査が行われる。

A2=× 健康測定の目的は、健康障害や疾病の早期発見ではなく、より健康的で質の高い職業生活が送れるように指導するための健康の保持増進である。

A3=× 運動実践指導を行うのは運動指導担当者で、産業保健指導担当者が行うのは保健指導である。

メンタルヘルスケア ここを押さえる

●メンタルヘルスケアとは

メンタルヘルスケアとは、労働者に対する「心の健康の保持増進」措置であり、事業者は積極的に取り組むよう求められている（努力義務）。

●基本的な考え方

ストレスチェック制度（P.42参照）の活用や職場環境等の改善を通じて、「心の健康づくり計画」を実施する。労働者のメンタルヘルス不調には、**一次予防**（未然に防止）、**二次予防**（早期発見、適切な対応）、**三次予防**（職場復帰を支援等）の取組みが必要である。

●4つのケア

取組みに当たっては**4つのケア**を効果的に推進し、メンタルヘルスケアの教育研修・情報提供、職場環境等の改善、メンタルヘルス不調への対応、職場復帰のための支援が円滑に行われるようにする。

①セルフケア

労働者自身がストレスに気づき、セルフケアの教育研修等を通して理解を深め、ストレスに対処し、自らのストレスや心の健康状態を認識できるようにすることである。

事業場内産業保健スタッフへの相談体制の整備やセルフチェックの機会を提供することも効果的である。

②ラインによるケア

管理監督者は、部下である労働者の状況を日常的に把握できる立場にある。職場の具体的なストレス要因の改善を図ることができるため、職場環境等の把握と改善、労働者からの相談対応、職場復帰の支援などを行うことが必要である。

③事業場内産業保健スタッフ等によるケア

産業医、保健師、衛生管理者など事業場内産業保健スタッフ等は、心の健康づくり計画の実施に当たり、中心的な役割を果たすことが期待される。

④事業場外資源によるケア

メンタルヘルスケアには、事業場が抱える問題や求めるサービスに応じて、専門的な知識を有する各種の事業場外資源の支援を活用することが有効である。

●衛生委員会等における調査審議

心の健康問題の適切な対処には、産業医等の助言を求めることも必要である。このため、衛生委員会などを活用し、心の健康づくり計画の策定や実施体制の整備、個人情報の保護などについて審議することが重要となる。

●個人情報の取得と提供

健康情報を含む労働者の個人情報を、主治医等の医療職や家族から取得したり、医療機関等の第三者へ提供したりする際には、原則として、労働者に同意を得る必要がある。

①労働者のメンタルヘルス不調の取組みには4つのケアを効果的に推進しなければならない。
②4つのケアには、セルフケア、ラインによるケア、事業場内産業保健スタッフ等によるケア、事業場外資源によるケアがある。

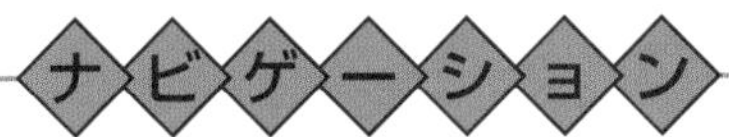

■労働者の心の健康に与える職場環境等の影響

作業方法、作業場の施設及び設備等、労働時間、仕事の量と質、職場の人間関係（パワハラやセクハラ等含む）、職場の組織・人事労務管理体制、職場の文化・風土等。

■労働者の職場復帰における支援対策

メンタルヘルス不調により休業した労働者の職場復帰支援として、次の事項がある。

①休業開始から通常業務復帰に至るまでの一連の流れを明らかにする。支援の手順、内容及び関係者の役割等を定める職場復帰支援プログラムを策定する。
②職場復帰支援プログラムの実施に関して労働者に周知を図る。
③労働者の個人情報保護に留意して、事業場内産業保健スタッフ等を中心に、労働者、管理監督者、主治医との連携を図る。

出題パターン

Q1「心の健康づくり計画」では、「セルフケア」、「家族によるケア」、「ラインによるケア」及び「事業場外資源によるケア」の4つのケアを効果的に推進する。

Q2「セルフケア」とは、労働者自身がストレスや心の健康について理解し、自らのストレスを予防、軽減することである。

Q3「心の健康づくり計画」の策定は、衛生委員会又は安全衛生委員会において十分調査審議する。

A1=× 4つのケアに「家族によるケア」は含まれず、「事業場内産業保健スタッフ等によるケア」が入る。

A2=○ 労働者自身がストレスに気づき、これに対処するための知識、方法を身につけ、それを実施することが「セルフケア」に重要とされる。

A3=○ 心の健康問題の適切な対処には、衛生委員会などを活用し、十分審議することが重要となる。

受動喫煙防止対策 ここを押さえる

●受動喫煙による健康障害

受動喫煙とは、人が他人の喫煙によりタバコから発生した煙にさらされることをいう（健康増進法28条3号）。受動喫煙による健康への悪影響をなくし、国民・労働者の健康増進を図る観点から、管理者や事業者には受動喫煙を防止するための措置が求められている。

●受動喫煙防止対策

事業者は、受動喫煙の把握と分析を行い、衛生委員会等で具体的な受動喫煙防止対策を決め実施する必要がある。

この場合、妊娠女性、呼吸器・循環器疾患のある者及び未成年者について格別の配慮が必要となる。なお、20歳未満の者（従業員含む）の喫煙所への立入りは、全面禁止される。

●専用の喫煙室について

第2種施設内では、喫煙専用室（専ら喫煙をする場所として定めたもので、室内での飲食等は認められない）、又は指定たばこ専用喫煙室（加熱式タバコのみ喫煙ができる場所で、室内での飲食等が認められている）の設置ができる。

■設置基準

①出入り口において、室外から室内に流入する空気の気流が、0.2m/s以上であること、②タバコの煙が室内から室外に流出しないよう壁、天井等によって区画されていること、③タバコの煙が屋外又は外部の場所に排気されていること、④出入口に「20歳未満立入り禁止」等記載の標識を掲示する、などがある。

■喫煙専用室のメンテナンス等（望ましい対応）

- 換気扇・天井扇など屋外排気装置は、1年に1回程度。
- 脱煙装置の性能評価（気流速度等）などは、概ね3か月に1回。
- 記録は3年間保存。

なお、**第1種施設では屋外喫煙所（特定屋外喫煙場所）**の設置が可能であるが、喫煙できる場所が区画されていること、喫煙ができる場所である旨を記載した標識を掲示すること、第1種施設を利用する者が通常立ち入らない場所に設置すること、などの基準が設けられている。

■施設等の禁煙対策概要

施設	施設区分例	法の適用内容
第1種	学校、病院、行政機関庁舎等で多数の者が利用の施設	敷地内禁煙（屋外喫煙所の設置可）
第2種	大規模飲食店（新規開業含む）	屋内禁煙（新規開業は喫煙室設置可）
	小規模飲食店	標識掲示し喫煙可
	オフィス・ホテル等	原則禁煙（喫煙室設置可）

（健康増進法施行規則15条）

①受動喫煙とは、人が他人の喫煙によりタバコから発生した煙にさらされることである。
②喫煙専用室とは、第2種施設等の屋内又は内部の場所の一部の場所において、タバコの煙の流出を防止するための技術的基準に適合した室を、専ら喫煙ができる場所として定めたものをいう。
③第2種施設等の屋内又は内部の場所の一部の場所では喫煙専用室を設置することができるが、この室内での飲食等は認められない。

■第1種施設の定義

多数の者が利用する施設のうち、学校、病院、児童福祉施設その他の受動喫煙により健康を損なうおそれが高い者が主として利用する施設として健康増進法施行令等で規定するものや、国及び地方公共団体の行政機関の庁舎は、第1種施設として、敷地内の喫煙が禁止されている。

■第2種施設の定義

多数の者が利用する施設のうち、第1種施設及び喫煙目的施設以外の施設（一般の事務所や工場、飲食店等も含まれる）のこと。

出題パターン

Q1 敷地内での喫煙が禁止される第1種施設とは、多数の者が利用する施設のうち、学校、病院、児童福祉施設その他の受動喫煙により健康を損なうおそれが高い者が主として利用する施設として健康増進法施行令等で規定するものや、国及び地方公共団体の行政機関の庁舎をいう。

Q2 第2種施設内に喫煙専用室を設置した場合、喫煙者しかその部屋には入らず、受動喫煙の恐れは少ないので、喫煙専用室内での飲食等が認められる。

Q3 妊婦及び呼吸器・循環器等に疾患を持つ労働者は、受動喫煙による健康への影響を一層受けやすい懸念があることから、特別な配慮を行う。

A1=○ 本問の記述のとおりである。

A2=× 喫煙専用室とは、第2種施設等の屋内又は内部の場所の一部の場所において、タバコの煙の流出を防止するための技術的基準に適合した室を、専ら喫煙ができる場所として定めたものをいう。専ら喫煙をする用途で使用されるものである以上、喫煙専用室内での飲食等は認められない。

A3=○ 受動喫煙防止対策では、妊娠女性、呼吸器・循環器疾患のある者及び未成年者について格別の配慮が必要となる。

救急処置1

骨折・脱臼 ここを押さえる

●骨折の救急処置

骨折のときは、損傷箇所に激しい痛みがあるほか、腫れて形が変わったり、骨折端が触れたりすることがある。

①傷があるときは、まず手当をし、必要があれば止血する。

②骨が出ているときは、そのまま固定する。傷口を洗ったり、骨を戻したりしない。骨折部分を安静にし、付近の関節も動かさないようにする。

③骨折部分を上下の関節が動かないように副子（ふくし）（あて木）で固定する。

④副子が使えないような部位であれば、枕、砂袋、三角巾などで固定する。

⑤患部を冷やしつつ、かつ患部を高く保つ。

⑥身体全体は保温し、急いで病院に搬送する。

●副子を当てる際の注意

・丈夫で上下の関節にまたがる十分な長さがあること。

・当てようとする四肢の一番幅の狭いところより少し広めのものがよい。

・ボール紙、新聞紙、週刊誌、板、つえ、傘なども利用できる。

・副子は直接当てず、手ぬぐいや布等の上から当て、血行障害を起こさないようにする。

●脱臼

関節の骨同士がはずれた状態。肩関節が最も多い。時間がたつと戻りにくいことや、軟骨に栄養がいかなくなり、後遺症の原因になる。できるだけ速やかに元に戻す必要があるが、無理に行わず、楽な格好にして医療機関に搬送する。

●骨折症状の種類

単純骨折	皮膚下で骨が折れ、又はヒビが入った程度で皮膚損傷がない。
複雑骨折	皮膚・皮下組織が損傷し、骨の折端が外に出ている。開放性骨折ともいう（骨が多数の骨片に破砕されただけでは、複雑骨折とはいわない）。
不完全骨折	ヒビが入った程度の状態で、骨は折れていない単純骨折の1つ。
完全骨折	骨折端どうしが擦れ合うあつれき音や変形が認められ、完全に折れている。

※脊髄損傷が疑われる場合は、損傷部位の脊柱の動きを最小限にする。脊柱が動かないように硬い板の上に寝かせ、しっかり固定して搬送する。

①**単純骨折は、皮膚下で骨が折れ、又はヒビが入った程度で皮膚損傷がない。**
②**複雑骨折は、皮膚・皮下組織が損傷し、骨の折端が外に出ている。開放性骨折ともいう。**
③**脊髄損傷が疑われる場合は、損傷部位の脊柱の動きを最小限にする。脊柱が動かないように硬い板の上に寝かせ、しっかり固定して搬送する。**

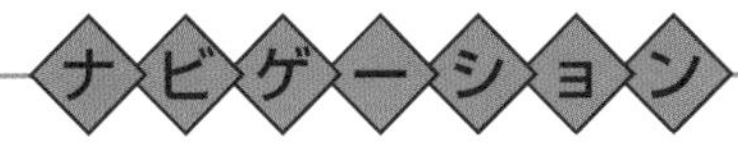

■副子の当て方

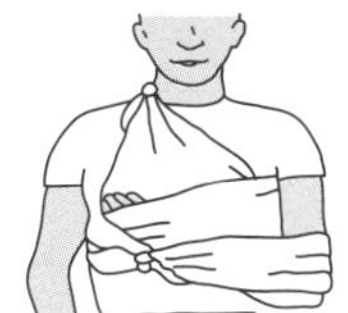
前腕の骨折

上腕の骨折

足の骨折

下腿の骨折

骨折部分を安静にし、付近の関節も固定する。

出題パターン

Q1 骨折が疑われる部位は、よく動かしてその程度を判断する必要がある。
Q2 骨折部の固定のため副子を手や足に当てるときは、その先端が手先や足先から出ないようにする。
Q3 複雑骨折とは、骨が多数の骨片に破砕された状態をいう。

A1=× 骨折が疑われる場合でも、骨折部分を安静にし、付近の関節も動かさないようにする。
A2=× 副子を手や足に当てるときは上下の関節にまたがるものを使い、手先や足先から出てもかまわない。
A3=× 複雑骨折は開放性骨折ともいい、骨の折端が皮膚の外に出ている。

3章 13

救急処置2

出血・止血 ここを押さえる

●出血の致死量

成人男性の血液量は体重の約８％（女性で約７～7.5％）、体重65kgの人で約5,000ccである。このうち20％が失われると、ショック状態（顔面蒼白、手足の冷感、冷汗）となり、30％で生命に危険が及び、50％で出血死するといわれる。

●出血の種類

①**動脈性出血**：鮮紅色の血液が、心拍に合わせるように勢いよく噴出する。大きな血管では、瞬間的に多量の血液を失い出血死のおそれがある。

②**静脈性出血**：暗赤色の血液が持続して流出する。細い静脈からの出血は圧迫止血で容易に止血できる。

③**毛細血管性出血**：赤色の血がにじみ出る。出血量は少なく自然に止まる。

●内出血

内出血は、応急対策では止血できない。

四肢以外の**頭部**、**胸部**、**腹部**の内出血は極めて危険であり、緊急処置を必要とする。胸、腹部の内出血は、一般に出血量が多く、外出血に気をとられることなく、顔色や意識の状態に注意し、内出血が疑われる場合は、水を与えない、患部を冷やすなど安静が必要である。

●手当・処置の種類

①**応急手当**：救急隊員や医師、看護師などの医療従事者が到着するまでに、家族や友人、通行人などが行う手当。

②**救命手当**：一般市民の行う救急の手当のうち、心肺蘇生法と止血法のこと。

③**応急処置**：日本医師会等によると、救急救命士以外の救急隊員が行う処置。

④**救急処置**：医師や看護師、救急救命士が緊急時に行う処置。

●止血法

止血の手当を行うときは、感染防止のため血液に直接触れないように注意し、ゴム手袋やビニールの買い物袋などを利用する方法もある（下表）。

●止血帯法の方法

幅３cm以上の止血帯で、傷口から５～10cmほど心臓寄りのところで締める。止血帯をかけた上は覆わずに、止血時間を書いておく。応急時の止血帯には三角巾、手ぬぐい、ネクタイなどを利用する。

直接圧迫法	外出血に対する止血法。ガーゼなどを傷口に当て、手で強く圧迫する。
間接圧迫法	心臓に近い部位の止血点（動脈）を手や指で圧迫する。
止血帯法	切断などの場合や直接圧迫法で止血ができない場合の最終的な手段。四肢の大きな動脈性出血などの場合に行う（動脈性出血でも、直接圧迫法や間接圧迫法で止血できる場合がある）。

①止血法の基本は直接圧迫法であり、ほかに間接圧迫法、止血帯法がある。
②内出血は、応急対策では止血できない。四肢以外の頭部、胸部、腹部の内出血は極めて危険であり、緊急処置を必要とする。

ナビゲーション

■直接圧迫法

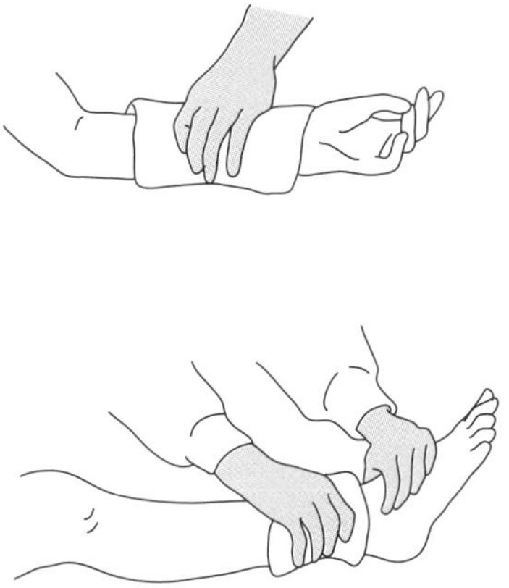

傷口にガーゼなどを当てて強く圧迫する。

■間接圧迫法

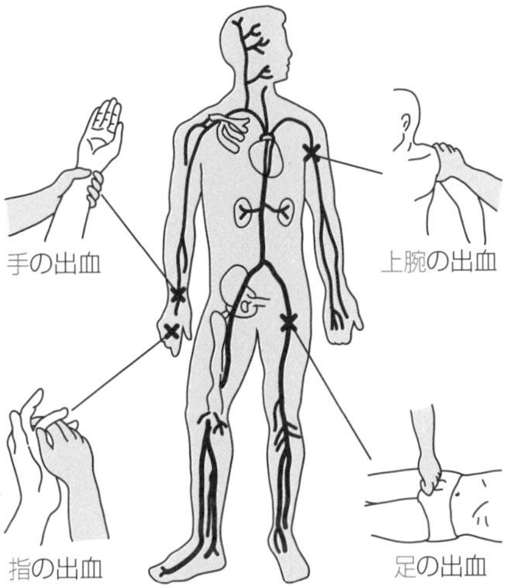

手の出血
上腕の出血
指の出血
足の出血

出題パターン

Q1 体内の全血液量の10分の１程度が急激に失われると、生命が危険な状態となる。
Q2 間接圧迫法は、出血部より心臓に近い部位の動脈を圧迫する方法である。
Q3 動脈性出血は、鮮紅色を呈する拍動性の出血で、出血量が多いため、早急に、細いゴム紐（ひも）などを利用した止血帯を用いて止血する。

A1=× 体内の血液の約20%が急速に失われると「出血性ショック」という重度な状態になり、30%を失えば、生命に危険が及ぶ。
A2=○ 間接圧迫法は、出血部より心臓に近い部位の動脈を圧迫する止血法である。
A3=× 止血帯は、できるだけ幅の広いもの（３cm以上）を用いる。

3章 14

救急処置3

一次救命処置 ここを押さえる

注）新型コロナウイルス感染症流行下では、心停止傷病者は感染の疑いがあるものとして対応する。
以下は平時の解説である。

●安全の確認

心停止や、心停止に至る可能性の高い気道閉塞が起きた傷病者に対して行う救命処置を一次救命処置という。

市民救助者がこうした現場に遭遇した際には、最初に**周囲の**安全確認を行う。このとき、安全が確保されていないと判断した場合には、傷病者には接触せず、消防や救急等の到着を待つ。

●119番通報

大声で叫んで周囲の注意を喚起し、119番通報とAEDの手配を依頼する。なお、反応の有無に迷った場合も119番に通報し、指示に従う。

●呼吸の確認と心停止の判断

傷病者に反応がない場合には、胸と腹部の動きを見て**呼吸の有無を確認**する。呼吸がないか、呼吸はあるが普段どおりではない場合、あるいはその判断に迷う場合は**心停止と判断し、ただちに胸骨圧迫を開始する**（「心停止の場合の対応」の項へ）。呼吸の確認は10秒以内に行う。

傷病者に普段どおりの呼吸を認めるときは、**傷病者の呼吸状態の観察を続けつつ、救急隊の到着を待つ**。

●心停止の場合の対応

（1）胸骨圧迫のみ行う心肺蘇生

救助者は、傷病者をあおむけにし、その胸の横にひざまずき、直ちに胸骨圧迫から**心肺蘇生**（CPR：CardioPulmonary Resuscitation）を開始する。胸骨圧迫の部位は、胸骨の下半分とする。

圧迫の深さは、胸が約5cm沈むようにし、6cmを超えないようにする（小児の場合は胸の厚さの約1/3）。1分間当たり100〜120回のテンポで行う。毎回の圧迫の後には完全に胸を元の位置に戻す。

救助者が複数いる場合、1〜2分ごとを目安に胸骨圧迫の役割を交代する。

（2）人工呼吸を併用する心肺蘇生

救助者が人工呼吸の訓練を受けており、それを行う技術と意思がある場合は、**胸骨圧迫と人工呼吸**を30：2の比で行う。特に小児の心停止では、人工呼吸を組み合わせた心肺蘇生を行うことが望ましい。人工呼吸を行う際には**気道確保が必要**であり、その際には顎（あご）先を持ち上げ、頭を後ろに反らす「頭部後屈顎先挙上法」で行う。1回換気量の目安は、傷病者の胸の上がりが確認できる程度とする。1回の送気（呼気吹き込み）は約1秒かけて行う。

●AED（自動体外式除細動器）到着後

AEDによる解析が開始されたら、音声メッセージに従い**電気ショック**を行う。電気ショック後は直ちに胸骨圧迫を再開し、救急隊に引き継ぐまで、又は傷病者に普段どおりの呼吸等が認められるまで続ける。

①救助者が行う心肺蘇生法は胸骨圧迫30回と人工呼吸２回の組み合わせを継続する。
②人工呼吸を行う際には、顎先を持ち上げ、頭を後ろに反らして気道を確保する。

ナビゲーション

■一次救命処置の処理手順（市民用）

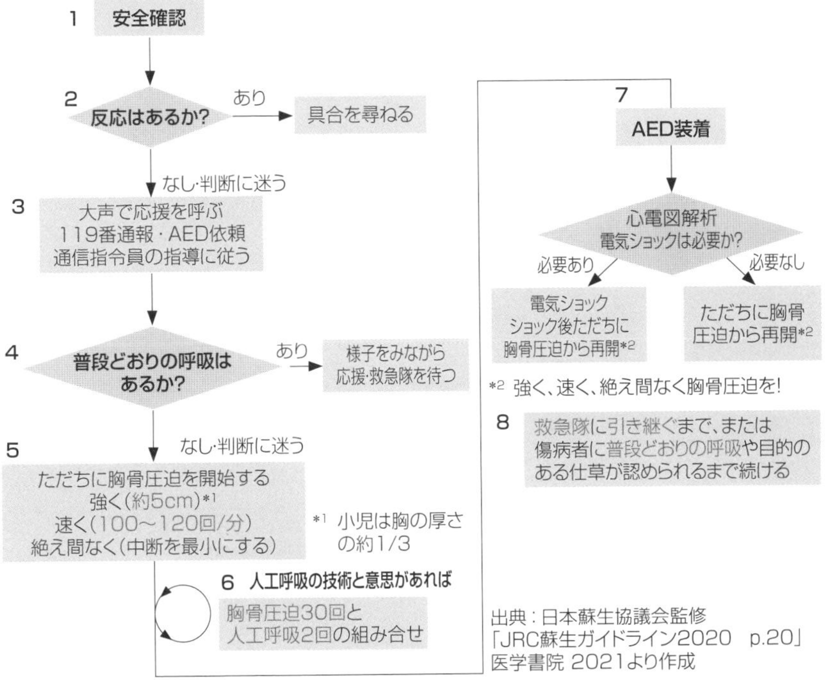

1 安全確認
↓
2 反応はあるか? → あり → 具合を尋ねる
↓ なし･判断に迷う
3 大声で応援を呼ぶ
119番通報・AED依頼
通信指令員の指導に従う
↓
4 普段どおりの呼吸はあるか? → あり → 様子をみながら応援･救急隊を待つ
↓ なし･判断に迷う
5 ただちに胸骨圧迫を開始する
強く(約5cm)*1
速く(100～120回/分)
絶え間なく(中断を最小にする)

*1 小児は胸の厚さの約1/3

6 人工呼吸の技術と意思があれば
胸骨圧迫30回と人工呼吸2回の組み合せ

7 AED装着
↓
心電図解析
電気ショックは必要か?
必要あり → 電気ショック
ショック後ただちに胸骨圧迫から再開*2
必要なし → ただちに胸骨圧迫から再開*2

*2 強く、速く、絶え間なく胸骨圧迫を!

8 救急隊に引き継ぐまで、または傷病者に普段どおりの呼吸や目的のある仕草が認められるまで続ける

出典：日本蘇生協議会監修「JRC蘇生ガイドライン2020 p.20」医学書院 2021より作成

出題パターン

Q1 心肺蘇生は、胸骨圧迫30回に人工呼吸２回を繰り返して行う。

Q2 胸骨圧迫は、胸が少なくとも５cm沈む強さで胸骨の下半分を圧迫し、１分間に100～120回のテンポで行う。

A1=○ 心肺蘇生を行う場合は、胸骨圧迫30回に人工呼吸２回を繰り返す。

A2=○ 圧迫は、胸が約５cm（６cmを超えない）程度沈む強さで、１分間に100～120回のテンポで行う。

3章 15

救急処置4

食中毒 ここを押さえる

●食中毒の3大原因

①**細菌性・ウイルス性食中毒**：微生物が食品中に混入して起こるもの。

②**化学性食中毒**：メタノール、砒(ひ)素など。

③**自然毒**：フグ（テトロドトキシン）、毒キノコ、トリカブト、一部の貝など。

●食中毒の原因になる主な微生物

①細菌性食中毒

・**感染型**：サルモネラ菌、腸炎ビブリオ、赤痢菌、コレラ菌、病原性大腸菌、カンピロバクター、ウェルシュ菌等。腸管出血性大腸菌（O157やO111など）は、飲食物を介した経口感染で、**ベロ毒素**（赤痢菌と類似の毒素）を出し、出血性の下痢を引き起こす。

・**毒素型**：黄色ブドウ球菌、ボツリヌス菌、セレウス菌等。

②**ウイルス性食中毒**：食中毒の原因としてはノロウイルスによるものが多く、11月～2月の冬季に多発し、潜伏期間は1～2日間。手指や食品を介して経口感染し、ヒトの腸の中で増殖、嘔吐や下痢などを起こす。85～90℃以上で90秒以上の煮沸で感染性は失われる。

●主な細菌性食中毒

細菌名	菌の特徴	原因食品	症状（潜伏時間）	予 防
サルモネラ菌	感染型 ネズミ、ハエ、ゴキブリ、ペット類も汚染源 熱に弱く、低温、乾燥に強い	肉、卵類及びその加工品 調理器具等から汚染された食品	下痢、腹痛、発熱、頭痛、嘔気、嘔吐［6～72時間］	食肉類の生食を避け、十分加熱 冷蔵庫内での2次汚染を防ぐ 検便の実施 手指の洗浄消毒
腸炎ビブリオ（病原性好塩菌）	感染型 好塩性を有し塩分2～5％でよく発育し真水に弱い	海産性の生鮮魚介類（すし、刺身）及びその加工品 主に塩分のある2次的汚染食品	下痢、腹痛、嘔気、嘔吐、発熱［8～24時間］	漁獲から消費まで一貫低温管理 2次汚染防止 加熱処理 魚介類は調理前によく水洗い
黄色ブドウ球菌（毒素：エンテロトキシン）	毒素型 人や動物の化膿巣や鼻咽喉等に広く分布 熱、乾燥に強い	弁当など穀類の加工品、菓子類	短時間に嘔気、嘔吐、下痢、腹痛［30分～6時間］	化膿巣のある者の調理取扱いを禁止 手指の洗浄消毒の励行
ボツリヌス菌（毒素：ボツリヌストキシン）	毒素型（神経毒） 菌は熱に強いが毒素は120℃数分の加熱で失活する 致死率が高い	びん詰、缶詰、真空包装食品など	脱力感、けん怠感、めまい、嘔気、嘔吐、便秘、重篤な場合は各種神経障害［8～36時間］	新鮮な材料、洗浄、加熱 製造中、保存中にバター臭がする物は廃棄

①**サルモネラ菌による食中毒は感染型である。汚染された食肉、鶏卵等が原因となる。**
②**腸炎ビブリオは病原性好塩菌ともいわれる。**
③**黄色ブドウ球菌は熱、乾燥に強い毒素であり、これによる食中毒は、毒素型である。**
④**ボツリヌス菌による毒素は神経毒である。**

■原因別食中毒

食中毒の種類		感染経路・感染原因	原因菌等
細菌性食中毒	感染型	食品付着細菌が腸管内で増殖	腸炎ビブリオ、サルモネラ菌、病原性大腸菌、ウェルシュ菌、カンピロバクター等
	毒素型	細菌が産生した毒素に汚染した食品	黄色ブドウ球菌、ボツリヌス菌、セレウス菌
ウイルス性食中毒		ウイルスに汚染された食品	ノロウイルス
自然毒	動物性	毒素を持った動物	フグ、毒化した貝類
	植物性	毒素を持った植物	毒キノコ、ジャガイモの芽、トリカブト
化学性食中毒		有毒化学物質が混入した食品	ヒスタミン、砒素、農薬、有害性金属

出題パターン

Q1 毒素型食中毒は、食物に付着した細菌が増殖する際に産生した毒素によって起こる食中毒で、腸炎ビブリオによるものなどがある。

Q2 ボツリヌス菌は、缶詰、真空パック食品など酸素のない食品中で増殖して毒性の強い神経毒を産生し、筋肉の麻痺症状を起こす。

Q3 ノロウイルスは、手指、食品などを介して経口で感染し、腸管で増殖して、嘔吐、下痢、腹痛などの急性胃腸炎を起こすもので、冬季に集団食中毒として発生することが多い。

A1=× 毒素型食中毒は、食物に付着した細菌により産生された毒素により起こる。代表的なものとしてボツリヌス菌、黄色ブドウ球菌によるものがある。

A2=○ ボツリヌス菌の毒素はボツリヌストキシンといい、缶詰、真空包装食品等で増殖する。毒素型の神経毒を産生し、主に神経症状を呈し致死率が高い。

A3=○ ノロウイルスは、手指や食品から経口感染し、ヒトの腸管で増殖しながら嘔吐や下痢、腹痛などを起こす。発生時期は冬季が多い。

3章 16

救急処置5

熱中症 ここを押さえる

熱中症は、高温多湿な環境でスポーツや労働を継続しているときに、体内の水分・塩分のバランスが崩れ、体内の循環や体温調整機能が破綻し、発症する障害のことで、めまいや失神などから、重症にいたるまで熱失神、熱けいれん、熱射病などの症状を起こす障害の総称である。

●熱中症の症状

[熱失神]（重症度Ⅰ）

熱により、皮膚血管の拡張から血圧が低下し、脳への血流が一時的に減少することで、めまい（立ちくらみ）から失神を起こす。脈拍が速くて弱い状態になる。なお、熱虚脱でも同様の症状を来す。

[熱けいれん]（重症度Ⅰ）

大量の発汗は、脱水症状を引き起こし、体の塩分を失わせるが、このとき水分だけを補給すると、血液中の塩分濃度が不足し、筋肉のこむら返りやけいれんを起こす。

[熱疲労]（重症度Ⅱ）

大量発汗が進行すると、水分補給不足から循環血液量が減少し、各器官に血液が十分送られなくなる。集中力が低下し、頭痛、吐き気、嘔吐などが起こり、放置すると、致命的な「熱射病」に至る。

[熱射病]（重症度Ⅲ）

深部体温の上昇で、手足の運動障害や腎臓・肝臓機能障害、さらには血液凝固異常まで生じた状態のことで、ふらつき、意識障害、全身のけいれん（ひきつけ）などが現れる。

●WBGT指数

WBGT（単位：℃）の値は、熱ストレスの評価を行う暑さ指数である。

◆日射がない場合

WBGT＝0.7Twb＋0.3Tg

◆日射がある場合

WBGT＝0.7Twb＋0.2Tg＋0.1Tdb

〔Twb：自然湿球温度(℃)、Tg：黒球温度(℃)、Tdb：乾球温度(℃)〕

WBGT値が高いほど危険率は高くなり、冷房等によって作業場所のWBGT値の低減、身体作業強度（代謝率レベル）の低い作業に変更すること等の熱中症対策が必要であり、無理な場合はスポーツ競技なども続けてはならない。

●職場における熱中症の救急処置

労働者を高温多湿作業場所において作業させる場合、労働者の熱中症発症に備え、あらかじめ、病院、診療所等の所在地及び連絡先を把握するとともに、緊急連絡網を作成し、関係者に周知する。

熱中症を疑わせる症状が現れた場合は、救急処置として涼しい場所で身体を冷やし、水分及び塩分の補給等を行う。必要に応じ、救急隊の要請や医師の診察を受けさせる。

①発汗により大量の塩分が失われたところに、水分だけを補給すると、血中の塩分濃度が低下して熱けいれんが起きる。
②熱射病の応急処置は、体表の冷却により早急に体温を下げる処置を行う。首、脇の下、足の付け根の直接冷却が有効である。

■身体作業強度等に応じたWBGT基準値（参考）

区分	身体作業強度（代謝レベル）の例	WBGT基準値（℃）	
		暑熱順化者	暑熱非順化者
0 安静	安静、楽な座位	33	32
1 低代謝率	軽い手作業（書く、タイピング、描く、縫う、簿記）、手及び腕の作業（小さいペンチツール、点検、組立て又は軽い材料の区分け）等 2.5km/h 以下での平たんな場所での歩き	30	29
2 中程度代謝率	継続的な手及び腕の作業（くぎ打ち、盛土）、腕及び脚の作業（トラックのオフロード運転、トラクター及び建設車両）、腕と胴体の作業（空気圧ハンマーでの作業、中くらいの重さの材料を断続的に持つ作業、草むしり、除草、果物及び野菜の収穫）、軽量な荷車及び手押し車を押したり引いたりする 2.5〜5.5km/h での平たんな場所での歩き	28	26
3 高代謝率	強度の腕及び胴体の作業（重量物の運搬、ショベル作業、ハンマー作業）、硬い木へのかんな掛け又はのみ作業、草刈り、掘る 5.5〜7km/h での平たんな場所での歩き	26	23
4 極高代謝率	最大速度の速さでのとても激しい活動、おのを振るう、激しくシャベルを使ったり掘ったりする、階段を昇る 7km/h 以上で平たんな場所を歩く	25	20

出典：厚生労働省「職場における熱中症予防対策マニュアル」を基に作成。

※暑熱非順化者とは、作業する前の週に、高温作業条件にばく露されていなかった人のこと。

※表の数値のように、負荷の大きな作業の方が、小さな作業より数値が小さくなる。

出題パターン

Q 算出したWBGTの値が、作業内容に応じて設定されたWBGT基準値未満である場合には、熱中症が発生するリスクが高まる。

A=× WBGT基準値は、作業強度等に応じた熱中症のリスク評価指標として使われ、基準値未満であれば、熱中症発生のリスクが低くなる。

3章 17

救急処置6

熱傷(やけど) ここを押さえる

●熱傷（深さ）の分類と症状

熱傷の深さにより、症状が３段階に分けられる（ナビ参照）。

・Ⅰ度：表皮のみで、皮膚がひりひりして赤くなる。

・Ⅱ度：真皮まで達し、水疱（すいほう）（水ぶくれ）ができる。真皮の浅い部分でできる赤い水疱と深い部分まで白くなるものがある。

・Ⅲ度：皮膚の全層に達するもので、炭化又は壊死（えし）して白色になる。感覚がなくなり痛みを感じない。後遺症が残る場合もある。

●重症度の分類

熱傷の程度は、熱傷の深さ（皮膚の状態）とⅡ度・Ⅲ度の対表面積の広さから判断される。

・軽症：特殊部位（顔・手・生殖器等）を含まない、Ⅱ度15％未満、又はⅢ度２％未満の範囲。

・中等症：特殊部位（顔・手・生殖器等）を含まない、Ⅱ度15～30％、又はⅢ度２～10％。

・重症：Ⅱ度30％以上、又はⅢ度10％以上。特殊部位のやけど、気道熱傷、化学薬品や電気によるものは重症と判断される。

※気道熱傷：火災や爆発事故で高温の煙・水蒸気などを吸入して起こる呼吸器系障害。

熱傷の広さ：やけどの面積を概算する方法に、傷病者の手のひら大を体表面積の１％として調べる手掌法、頭部・上肢を９％として計算する９の法則がある。

●対処の主要ポイント

傷病者の症状は、やけどの部分が「赤い（Ⅰ度）」のか、「水疱の状態（Ⅱ度）」か、「白色化（Ⅲ度）」かで状態を判断する。

（１）Ⅰ度の場合

・冷水で15分以上、痛みがなくなるまでまず冷やす。

・着衣からの熱傷の場合は、衣類は脱がさず衣類ごと冷やす。

・十分冷やした後は、ガーゼを当て包帯などを巻く。

・熱傷範囲が広い場合、又は子供や高齢者は低体温症のおそれがあるため冷やし過ぎに注意する。

（２）Ⅱ度の場合

・水疱を破らず冷やす。

・熱傷部分には軟膏など薬品は塗ってはならない。

（３）Ⅲ度の場合

・広範囲の場合はシーツ等で、狭い範囲の場合はガーゼやタオル等で包む。

（４）化学薬品等の場合

・衣服や靴などを早く取り除く。

・体についた薬品を冷水等で20分以上洗い流す。

・熱傷部分をガーゼ等で被覆する。

①傷病者の症状は、やけどの部分が「赤い（Ⅰ度）」のか、「水疱の状態（Ⅱ度）」か、「白色化（Ⅲ度）」かで状態を判断する。
②熱傷がⅠ度で着衣からの熱傷の場合は、衣類は脱がさず衣類ごと冷やす。熱傷範囲が広い場合、又は子供や高齢者は低体温症のおそれがあるため冷やし過ぎに注意する。
③熱傷がⅡ度の場合、水疱を破らず冷やす。熱傷部分には軟膏など薬品は塗ってはならない。

■熱傷深度による分類と症状

熱傷深度	症　状	治療期間
Ⅰ度（表皮）	発赤、紅斑、疼痛	3～4日
Ⅱ度（真皮浅部）	水疱、灼熱感、知覚鈍麻	1～2週間
Ⅱ度（真皮深部）		4～5週間
Ⅲ度（全層）	血管・神経破壊、蒼白、炭化	1か月以上

※低温熱傷：カイロや湯たんぽ等の低温熱源で長時間の直接接触により発生する熱傷

出題パターン

Q1 熱傷面は、すぐ水をかけて十分冷やすことが応急手当のポイントであるが、熱傷の範囲が広い場合、全体を冷却し続けることは低体温となるおそれがあるので注意が必要である。

Q2 熱傷は、Ⅰ～Ⅲ度に分類され、Ⅰ度は水疱(ほう)ができる程度のもので、強い痛みと灼熱感を伴う。

Q3 化学薬品がかかった場合は、直ちに中和剤により中和した後、水で洗浄する。

Q4 高温のアスファルトやタールが皮膚に付着した場合は、水をかけて冷やしたりせず、早急に皮膚から取り除く。

A1=○ 本問の記述は、熱傷の応急手当の鉄則である。

A2=× 熱傷深度はⅠ～Ⅲ度に分類される。水疱ができる熱傷はⅡ度である。

A3=× 化学薬品がかかった場合でも、まず水などで十分に冷やすことが必要である。

A4=× 高温のアスファルトやタールが皮膚に付着した場合、熱傷の救急処置として大切なことは、水などでできるだけ早く十分に冷やすことである。

3章 18

その他１

健康診断の項目 ここを押さえる

●貧血検査

・**血色素量**　赤血球に含まれるヘモグロビンの一定量の範囲を正常と判定する。減少すると貧血が現れる。

●肝機能検査

・**AST（GOT）**：肝臓・心臓・筋肉等に多く含まれる酵素。GPT、γ－GTPよりASTのみ数値が高い場合、アルコールなどが原因で肝臓の働きが弱まっており、肝疾患・筋ジストロフィー・心筋梗塞などが疑われる。

・**ALT（GPT）**：特に肝臓に多く含まれる酵素。ASTとALTがともに高い場合は、急性肝炎、急性ウイルス肝炎、アルコール性肝炎、肝硬変、肝臓がんなどの肝疾患が疑われる。

・**γ-GTP**：アルコールに敏感に反応し、肝臓障害の指標となる。ASTやALTなどよりも早く異常値を示す特徴がある。

●血中脂質検査

・**LDLコレステロール**：肝臓で合成されたコレステロールを全身に運ぶ役割。食べ過ぎなどでLDLコレステロールがたまると動脈硬化を促進し、虚血性心疾患、脳血管障害などを引き起こすため、「悪玉コレステロール」とも呼ばれる。

・**HDLコレステロール**：血管内壁について動脈硬化を引き起こす古いコレステロールをはがし、肝臓に戻す役目がある。このことから、「善玉コレステロール」とも呼ばれる。コレステロール値の測定が、動脈硬化症の予防や診断に役立つ。

・**血清トリグリセライド（TG：中性脂肪）**：検査は、通常空腹時に行うもので、血中の中性脂肪が高くなると動脈硬化、膵炎（すいえん）を引き起こす危険がある。脂肪・糖・カロリー摂取、アルコール摂取量と並行して増加する。過剰なTGは脂肪肝の原因となり、慢性的になると肝硬変に進行する。

●糖尿病検査

・**グリコヘモグロビン（HbA1c）**：ヘモグロビンと血液中のブドウ糖が結合したもので、血糖値が高いほど大量に作られる。数値により、初期の糖尿病を発見しやすい。

・**尿糖**：血液中のブドウ糖が尿中に漏れ出てきたもの。

●腎機能検査その他

・**クレアチニン**：老廃物の１つで、数値が高いのは腎機能が低下していることを示唆し、低い場合は、筋肉にかかわる異常が想定される。

・**尿酸**：尿酸（老廃物：プリン体）の産出が（血中濃度）多くなったり、排泄が低下したりすると体内に蓄積して痛風や動脈硬化の原因になる。

①腎機能検査の尿素窒素（BUN）は、体内でエネルギーとして使われた蛋白質の老廃物の１つで、尿素に含まれる窒素成分のことである。血液検査の数値測定（尿検査では尿蛋白）が腎機能の指標となり、数値が高い場合腎不全が疑われる。

②血清トリグリセライド（TG：中性脂肪）検査は、通常空腹時に行うもので、血中の中性脂肪が高くなると動脈硬化、膵炎を引き起こす危険がある。

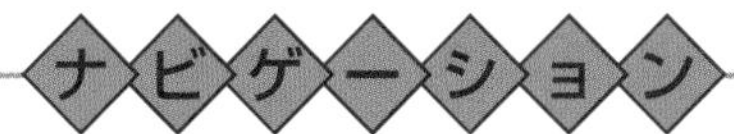

■基本的な検診項目

以下の主要な項目は、一般的に行われる健康診断内容である。

項　目	内　容	基準値	備　考
計測	腹囲	男85cm・女90cm未満	**内臓脂肪**の蓄積度
	BMI	18.5〜24.9	22が標準値、25以上が肥満
血圧	収縮期・拡張期	129mmHg以下・84mmHg以下	高血圧は**脳血管障害**・**心疾患**の誘因
脂質	中性脂肪	30〜149mg/dL	本来はエネルギー源。高数値は**動脈硬化**に
	HDLコレステロール	40〜119mg/dL	喫煙・肥満・運動不足で減少
	LDLコレステロール	60〜119mg/dL	多くなると**動脈硬化**を促進
肝機能	AST（GOT）	０〜30U/L	AST・ALTともに高い場合は**肝障害**の疑い、ASTのみは**心筋梗塞**等の疑い
	ALT（GPT）	０〜30U/L	
	γ－GTP	０〜50U/L	アルコール過剰摂取で高数値
腎機能	クレアチニン	男1.00/dL・女0.70/dL以下	腎機能低下による血中**蛋白老廃物**数値
	eGFR	60以上	低数値で慢性腎臓病発見に役立つ

出題パターン

Q1 尿酸は、体内のプリン体と呼ばれる物質の代謝物で、血液中の尿酸値が高くなる高尿酸血症は、関節の痛風発作などの原因となるほか、動脈硬化とも関連するとされている。

Q2 HDLコレステロールは、悪玉コレステロールとも呼ばれ、高値であることは動脈硬化の危険因子となる。

A1＝○ 尿酸は、蛋白質に含まれるプリン体の老廃物で、尿酸値が高い症状が続くと痛風や動脈硬化などの合併症を引き起こす。

A2＝× HDLコレステロールは善玉コレステロールとも呼ばれ、細胞に蓄積された古いコレステロールを肝臓に送る働きがあり、動脈硬化を予防する。悪玉コレステロールとはLDLコレステロールである。

3章 19

その他2

脳血管障害・虚血性心疾患 ここを押さえる

従来、負傷によるもの以外の「脳血管障害及び虚血性心疾患等」は、生活上の動脈硬化等による血管病変などの進行で発症するものとされてきた。

しかし近年は、労働者の業務の過重負荷、長期間にわたる疲労の蓄積が、その発症に有力な原因であると判断されるようになった。

●対象疾病の分類

（1）脳血管障害

①脳出血、②くも膜下出血、③脳梗塞、④その他（高血圧性脳症等）

（2）虚血性心疾患：冠循環不全により、心機能異常又は心筋の変性壊死を生じる疾患

①狭心症、②心筋梗塞、③その他（心停止・解離性大動脈瘤）

※脳卒中：脳血管の病変により何らかの脳障害を起こしたもの。脳血管疾患の総称で脳血管障害に分類される。

●脳血管障害

脳血管障害は、脳の血管の病変が原因で以下に分けられる。

①出血性病変：脳の血管が破れること（脳出血・くも膜下出血）。症状には以下のものがある。

・脳出血：脳実質内に出血する。

・くも膜下出血：脳表面のくも膜下腔（くう）に出血する、急激で激しい頭痛が特徴。

②虚血性病変：脳の血管が詰まること（脳梗塞）。症状には以下のものがある。

・脳血栓症：コレステロールがたまり、脳血管自体の動脈硬化を起こす病変。

・脳塞栓症：不整脈で心臓や動脈壁の血栓などがはがれ、血流で運ばれ脳血管を閉塞するもの。

脳血管障害は、高血圧、不整脈、糖尿病（高血糖）、脂質異常症が危険因子となるため注意が必要である。

●虚血性心疾患

虚血性心疾患は、冠状動脈による心筋への血液が、酸素供給不足や酸欠（虚血）状態になり起こる心筋障害で、以下に大別される。虚血性心疾患の危険因子には高血圧、喫煙、脂質異常症などがある。検査には、運動負荷心電図検査等が用いられる。

①狭心症：心筋の一部分に可逆的（元に戻る）虚血が起こる。

発作が続く時間は数分程度で、長くても15分以内におさまることが多い。

②心筋梗塞：不可逆的（元に戻らない）心筋壊死が起こる。

突然激しい胸の痛みが起こり、締め付けられるような痛みなどが長時間続く。

※統計：日本人の死因別内訳では男女とも、がん（悪性新生物）が１位、男性は２位が心疾患、３位が脳血管疾患、女性は２位が老衰、３位が心疾患となっている（令和４年人口動態統計）。

①脳血管障害は脳出血、くも膜下出血、脳梗塞等に、虚血性心疾患は狭心症、心筋梗塞等に分けられる。
②脳血栓症は、コレステロールがたまり、脳血管自体の動脈硬化を起こす病変である。
③脳塞栓症は、不整脈で心臓や動脈壁の血栓などがはがれ、血流で運ばれ脳血管を閉塞するものである。

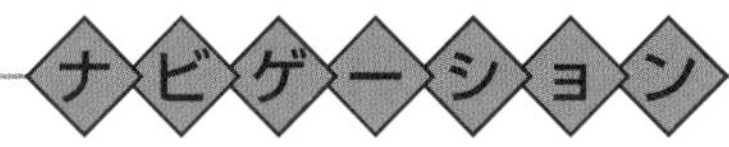

■主な脳・心臓疾患

	疾病名	症状の原因	具体的な症状
脳血管障害	脳出血	脳血管に高い血圧がかかり、血管壁がもろくなって破れ脳の中に出血する	頭痛や麻痺、しびれ、ろれつが回らない、言語障害などがある
	くも膜下出血	脳表面の動脈が破れ、くも膜下腔に出血する	突然、急激で激しい頭痛が起こる。意識がなくなる、片麻痺などが起こる
	脳梗塞	脳の血管の詰まりや血流低下で脳組織の虚血等により脳組織が壊死する	左右の半身に麻痺が起きる、言語障害や意識がはっきりしなくなる
虚血性心疾患	狭心症	心臓の冠状動脈が狭くなり、血液不足から心筋が酸素不足に陥り生ずる胸の痛み	症状はいくつかに分けられるが、胸の痛みの時間は数分程度である
	心筋梗塞	血管の動脈硬化や狭窄等で心臓が酸欠（虚血）状態となり胸痛などを起こし、血管を血栓が塞いで心筋が壊死する	胸の重苦しい痛みなどが長く続き、動悸・呼吸困難・顔面蒼白などの症状から突然死することもある

※急性心不全（急性心臓死、心臓麻痺等）は、脳血管障害及び虚血性心疾患に限らず他の疾病による場合もあるが、疾患名ではない。

出題パターン

Q1 虚血性の脳血管障害である脳梗塞は、脳血管自体の動脈硬化性病変による脳塞栓症と、心臓や動脈壁の血栓がはがれて脳血管を閉塞する脳血栓症に分類される。

Q2 虚血性心疾患は、門脈による心筋への血液の供給が不足したり途絶えることにより起こる心筋障害である。

A1=× 設問文の内容は「脳塞栓症」と「脳血栓症」が逆である。

A2=× 虚血性心疾患とは、心臓の筋肉（心筋）に血液を送る冠状動脈が狭くなったり、塞がったりして心筋が酸素不足に陥る状態をいう。

3章 20

その他3

BMI ここを押さえる

●肥満（内臓脂肪型肥満）

肥満とは、身長に比べて体重の割合が大きい状態のことで、摂取エネルギーと消費エネルギーのバランスが崩れるために起こる。内臓脂肪が蓄積したり、高血圧・糖尿病など合併症があるなど医学的にみて治療が必要だと判断される場合は肥満症という。肥満は、BMI（下記）によって判定される。

●肥満の原因

ホルモン異常もまれにあるが、日常見られる単純性肥満は「食べ過ぎ」と「運動不足」の生活習慣から起こる。

生活で消費されるエネルギーよりも食べ物で体に入ってくるエネルギーの方が多くなると、その余った分が脂肪として体内に蓄積される。

●BMI値

BMIとは国際的に用いられる**体格指数**で、身長からみた体重の割合を示す値のことである。

日本肥満学会では、判断基準として最も望ましいのはBMI値22としている。数値が25以上になると糖尿病、脂質異常症などの生活習慣病にかかりやすくなる。

●中性脂肪

メタボリックシンドロームと密接な関係のある中性脂肪（トリグリセライド）は、小腸でいったん消化されて小腸壁から吸収され、再び中性脂肪となる。そして、血液中を運搬され、筋肉や臓器など全身の組織に行きわたるが、このときエネルギーとして使い切れずに余った分は、脂肪組織に貯蔵されたり、肝臓に取り込まれたりする。

●メタボリックシンドローム

内臓脂肪型肥満（内臓肥満・腹部肥満）を基礎として、高血糖・高血圧・脂質異常症のうち2つ以上を合併した状態をメタボリックシンドロームという。原因は、①過剰な摂取（特に脂質と糖質）、②運動不足（毎日、有酸素運動が30分程度必要）、③酒とたばこ（動脈硬化の進行）、④ストレス（過食の原因）といわれる。腹部肥満（内臓脂肪の蓄積）とされる診断基準は、腹囲が男性85cm、女性90cmである。

●死の四重奏

虚血性心疾患（特に心臓疾患）では、「高血圧」、「脂質異常症」、「肥満」、「糖尿病」の4つの危険因子がそろうと、動脈硬化につながり、心筋梗塞など心臓病で亡くなる危険が高まるというもので、これを「**死の四重奏**」と呼ぶ。

※脂質異常症：従来の高脂血症のことで、血液中のコレステロールや中性脂肪が高い状態をいう。善玉のHDLコレステロールが低い場合と、悪玉のLDLコレステロールが高い場合があり、動脈硬化を促進させる要因となる。

①BMIは、肥満の指標で、身長からみた体重の割合を示す体格指数で、数値が25以上になると高血圧、糖尿病、脂質異常症などの生活習慣病にかかりやすくなる。

②高血糖・高血圧・脂質異常症のうち2つ以上を合併した状態をメタボリックシンドロームという。

③虚血性心疾患（特に心臓疾患）では、「高血圧」、「脂質異常症」、「肥満」、「糖尿病」の4つの危険因子がそろうと、動脈硬化につながり、心筋梗塞など心臓病で亡くなる危険が高まるというもので、これを「死の四重奏」と呼ぶ。

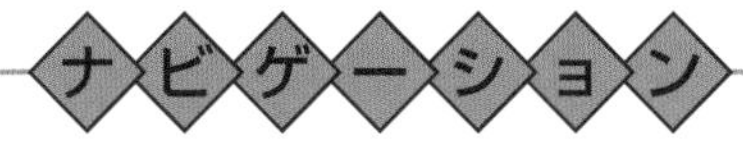

■BMIの計算

BMIは次の計算式で算定される。　※身長の単位はmであることに注意。

$$BMI = \frac{体重（kg）}{身長(m) \times 身長(m)}$$

（具体例）　※BMI値は概数である。

身　長	体　重	BMI	判　定
170cm	64kg	22	標準
	67	23	—（標準の範囲）
	70	24	—（標準の範囲）
	72	25	肥満
	75	26	肥満

出題パターン

Q1 身長170cmの人のBMIが25未満となる最大の体重は、次のうちどれか。なお、BMIとは身長と体重から算出される体格指数である。

（1）65kg　（2）67kg　（3）69kg　（4）71kg　（5）73kg

Q2 BMIは肥満度の評価に用いられる指標で、身長と体重から算出されるが、身長170cm、体重66kgの人のBMIに最も近い値は次のうちどれか。

（1）23　（2）26　（3）29　（4）33　（5）39

A1=（4）。BMI＝体重(kg)/身長(m)×身長(m)の計算式に、BMI・25未満（24.9）と身長の数値を入れると、体重≒71.96となる。したがって、最大値は71となる。

A2=（1）。**A1**と同様に計算式に数値を入れてBMI≒22.8が求められる。

得点アップのための確認事項

■各変形労働時間制の特徴　＜労働基準法関連＞

	1か月単位の変形労働時間制（32条の2）	1年単位の変形労働時間制（32条の4）	1週間単位の変形労働時間制（32条の5）	フレックスタイム制（32条の3）
労使協定の届出	要	要	要	要※
就業規則等記載	要	要	要	要

※清算期間が1か月を超える場合

なお、いずれの制度も就業規則に記載すれば、労働基準監督署長への届出は必要。

■主な職業性疾病の症状・原因等　＜労働衛生関連＞

①**頸肩腕症候群**

・**症状**：いわゆる「肩こり、首痛」で、上肢の同一姿勢、反復作業で、神経や筋の局所疲労が起こる。

・**原因**：デスクワークや情報機器作業など、作業方法による要因、室温などの環境要因、労働者の健康状態、人間関係などの人的要因も加わる。

・**対策**：適正な労働負荷や職場環境の適正な保持、休憩室などの配慮を行う。
こまめに姿勢を変えたり、時々、軽い運動をすることが大事で、「ストレッチング」「筋力トレーニング」などが有効である。

②**腰痛**

・**症状**：作業の同一局所運動・姿勢の同一反復化、重量物の過重な取扱いや日常生活様式の変化に伴う筋力の低下によりみられる。

・**原因**：重量物取扱い作業、施設等の介護作業、腰部に過度の負担のかかる立ち作業・腰かけ作業・座作業、長時間の車両運転などの作業。

・**対策**：作業負担の軽減、作業方法·姿勢の適正化、作業時間·作業量·休憩の適正化など。
非災害性の慢性腰痛に対する治療法としては、腰痛体操が最も効果的である。

③**凍傷**

・**症状**：長時間寒冷にさらされて起こる局所性の寒冷障害で、－4 ～－10℃以下で体細胞組織の凍結壊死を起こす。凍傷にかかりやすいのは手、足、鼻、耳である。

・**原因**：凍結により血液中の水分が失われ血栓ができ、血行障害が大きなダメージになる。

・**対策**：衣類（中間着も）で保温することが大事になる。凍傷にかかった部位を直接温めると、ヒリヒリする痛みを感じ、震え、不明瞭言語などを生じることがある。

※これに対して、凍瘡（とうそう）とは「しもやけ」のことで、日常の軽度の寒冷（0℃以上）と湿度により発生する皮膚障害である。

第4章

労働生理の必修27項目

4章 1

感覚1

視覚（眼）ここを押さえる

●感覚器系の生理

身体の変化は、感覚器（眼・鼻・耳・口・皮膚など）の受容器で捉える。感覚神経→脊髄（せきずい）→脳幹→小脳→大脳皮質の**感覚中枢**の順に伝わり、感覚が起こる。

●視覚

光の刺激は、角膜→瞳孔→水晶体→硝（しょう）子（し）体→網膜の視細胞（錐（すい）状体、杆（かん）状体）で感受→視神経→大脳皮質の**視覚中枢**の順に達し、視覚が起こる。

●眼球の構造

丸い球体の壁は**外膜・中膜・内膜**の３層からなる。硝子体（透明なゼリー状組織）が内部を満たしている。

●像の結び方の違い

・近視：眼軸が長く、網膜の前方で像を結ぶ。

・遠視：眼軸が短く、網膜の後方で像を結ぶ。

・**乱視**：**角膜**が不整形で網膜に正しく像を結ばない。

・**老眼**：**水晶体**の弾性が減少し網膜の後方で像を結ぶ。

※眼軸：角膜から網膜までの距離

●明順応と暗順応

・明順応：暗い所から急に明るい所に出るとまぶしく感じるが、徐々に見えるようになる。これは、杆状体から時間の経過で錐状体が働くためである。

・暗順応：暗い所に入ると、徐々に見えるようになる。これは杆状体の刺激の感受が暗さに間に合わないためである。

◆眼精疲労：パソコン作業などを続けることで、眼痛・眼のかすみなどの症状や、頭痛・複視・肩こり・吐き気・嘔吐などが起こる状態。ドライアイや白内障などによる場合もある。これにより作業の継続が困難になることもある。

外膜	角　膜	眼球前面中央の円形部分で透明。血管がなく栄養は房水に負う。
	強　膜	角膜以外の外膜部分で不透明。眼球の形を保ち、内部を保護する。
中膜	毛様体	水晶体の厚さを調節。ピントを合わせる毛様体筋がある。
	虹（こう）　彩（さい）	虹彩に囲まれた孔が瞳孔。光の量を調節するカメラの絞りに相当する。
内膜	網　膜	一番内側の膜。カメラのフィルムに相当し、視細胞（錐状体、杆状体）が光を識別する。
	杆状体	網膜の周辺部に多い。明暗と弱い光を感じる。
	錐状体	黄斑のある網膜の中心部に多い。色と明るい光を感じる。
	水晶体	虹彩のすぐ後方、毛様小帯に支えられた両凸レンズ。毛様体筋によりその厚みを調節することで焦点距離を調節し、網膜に像を結ぶ。
硝子体		眼球の形と弾性を維持する。水晶体で屈折された光線を網膜に送る。

①網膜の視細胞である**錐状体**は**色**を感じ、**杆状体**は**明暗**を感じる。
②カメラにたとえると、角膜＝**フィルター**、水晶体＝**レンズ**、虹彩＝**絞り**、網膜＝**フィルム**、まぶた（眼瞼（がんけん））＝レンズキャップ、脈絡膜・強膜＝暗箱、に相当する。

■眼球の縦断面図

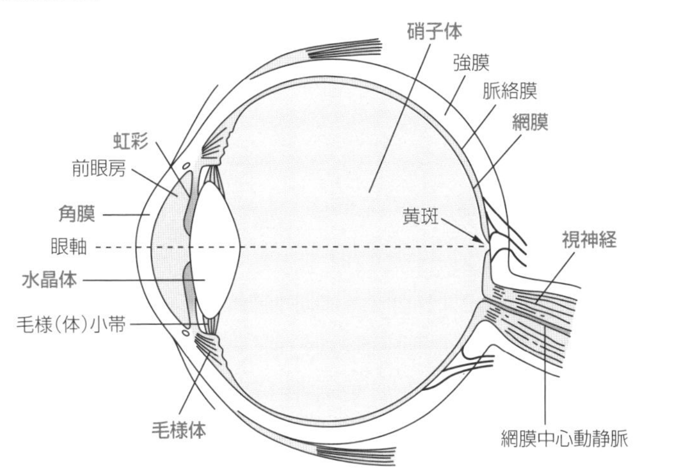

※**虹彩**の後ろにある**水晶体**の厚みを調節することで、焦点距離を調節して網膜に像を結ぶ。

出題パターン

Q1 眼軸が長すぎるために、平行光線が網膜の前方で像を結ぶ状態は、遠視である。

Q2 眼は、硝子体の厚さを変えることにより焦点距離を調節して網膜の上に像を結ぶようにしている。

Q3 網膜には、明るい所で働き色を感じる錐状体と、暗い所で働き弱い光を感じる杆状体の2種類の視細胞がある。

A1=× 遠視眼は眼軸が短すぎるため、平行光線が網膜の後方で像を結ぶものである。

A2=× 眼は、虹彩の後ろにある水晶体の厚みを調節することで、焦点距離を調節して網膜に像を結ぶ。

A3=○ 網膜の視細胞のうち杆状体は明暗を、錐状体は色を感じる。

聴覚・平衡感覚 ここを押さえる

●耳の構造

外耳、**中耳**、**内耳**からなり、外耳と中耳は聴覚に、内耳は平衡感覚に関与する。外耳は耳介（じかい）と外耳道（がいじどう）からなり、外界から音波を受ける。その底は鼓膜である。

耳　介	皮膚と軟骨からできている。音波を集める。
外耳道	音波を**中耳**に伝える部分。音波を増幅させる。

中耳は音波を内耳へ伝達するしくみがある（鼓膜、鼓室（こしつ）、耳小骨（じしょうこつ））。

鼓　膜		100分の１ミリ程度の薄い円形の膜で、**外耳道**と**鼓室**の仕切りになっている。外耳道からの音波が振動する。
鼓　室		鼓膜の内側に耳小骨がある小部屋。咽頭への耳管がつながっている。振動した音波が耳小骨を経由して内耳へ伝わる。
耳小骨		米粒大のツチ骨、キヌタ骨、アブミ骨があり、小さな関節でつながっている。鼓膜の振動を増幅して内耳に伝える。
	ツチ骨	一端が鼓膜につながる。鼓膜の振動をキヌタ骨、アブミ骨に伝える。
	キヌタ骨	ツチ骨とアブミ骨の中間に位置する。ツチ骨の振動をアブミ骨へ伝える。
	アブミ骨	内耳に近い位置にある。鼓膜振動の圧力が18～20倍に増幅される。

内耳は**鼓室**のさらに内側部分。リンパ液に満たされ一体になっている蝸牛（かぎゅう）（管）、前庭（ぜんてい）、三半規管（さんはんきかん）がある。

蝸牛(管)	リンパ液の波を有毛細胞が感知し、電気信号に変え、蝸牛神経から大脳に伝える。アブミ骨からの振動（音）が伝わる。
前　庭	有毛細胞の上の耳石（じせき）の傾きで感知する。身体の傾きを感受する。
三半規管	リンパ液が流れる方向で、身体の前後左右などを感知する。身体の回転運動や速度を感受する。

●その他の耳に関する機能等

ヒトが感じる音波は20～20,000Hz（ヘルツ）である。最もよく感じるのは1,000～4,000Hz、ヒトの会話は500～2,000Hz程度である。

音波の振動数が**少ない**ほど音を低く感じ、振動数が**多い**ほど高く感じる。

聴覚の障害には、

①**感音性障害**（内耳あるいは聴覚神経系、中枢神経系に障害）

②**伝音性障害**（鼓膜や耳小骨などに障害）

がある。

●脳で音の選別

脳は耳で聞いた音を必要な音と、不要な音とに分けて理解している。

何かに集中しているときに、周りの雑音が全く聞こえない、あるいは気にならない状態というのは、耳では音を拾っていても脳がそれらを不要な音として排除しているからである。

①内耳の前庭と三半規管は、頭の傾きや身体の回転を感受し、身体の位置判断と平衡感覚をつかさどる重要な器官である。

②聴覚の経路：
音波→外耳道（外耳）→鼓膜→耳小骨（中耳）→前庭→蝸牛→蝸牛神経（内耳）→聴覚中枢

③音波の振動数が少ないほど低音と感じ、振動数が多いほど高音と感じる。

ナビゲーション

■耳の構造図

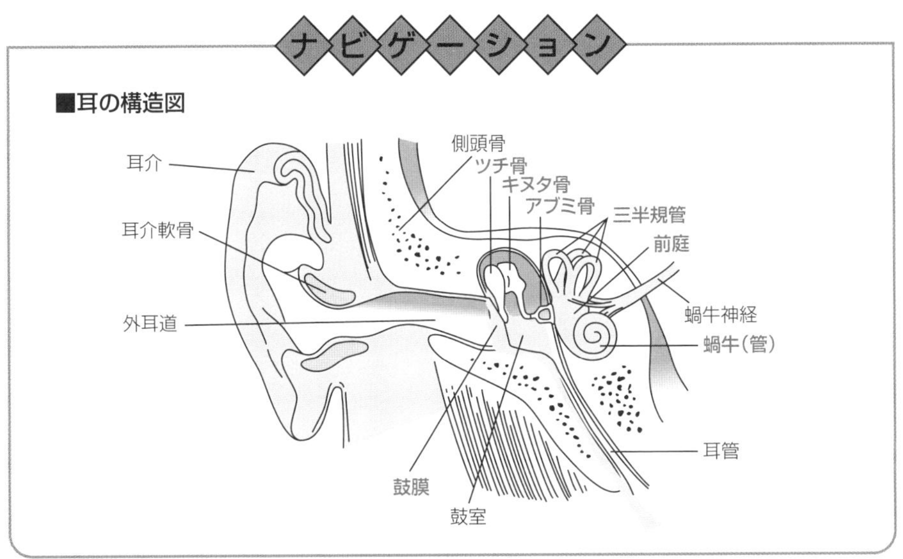

出題パターン

Q1 内耳は、前庭、三半規管及び蝸牛から成り、蝸牛が平衡感覚をつかさどっている。

Q2 平衡感覚に関係する器官である前庭及び三半規管は、中耳にあって、体の傾きや回転の方向を知覚する。

Q3 外耳で集められた音は中耳との境にある鼓膜を振動させ、その振動は耳小骨によって増幅され、内耳に伝えられる。

A1=× 内耳は蝸牛（管）、前庭、三半規管からなり、蝸牛（管）は聴覚をつかさどる感覚器官である。

A2=× 前庭及び三半規管は内耳にあり、前庭が体の傾きの方向を感じ、三半規管が体の回転方向や速度を感じる。

A3=○ 外耳で集められた音は鼓膜を振動させ、中耳にある耳小骨（ツチ骨、キヌタ骨、アブミ骨）によって増幅され、内耳に伝えられる。

4章 3

感覚3

嗅覚・味覚 ここを押さえる

●嗅覚

嗅覚は化学感覚で、同一の匂いに対しては疲労しやすく、匂いに慣れると感覚を失うようになる。

嗅覚は、鼻腔（びくう）上部で感受→嗅神経が篩（し）骨の篩板（しばん）（小孔）を通る→嗅球に入る→嗅索→大脳皮質の嗅覚中枢の順に伝達する。

鼻腔内の嗅粘膜（きゅうねんまく）には、人では約4,000万の匂いを感じる嗅細胞がある。

嗅細胞の先端からは10〜30本の繊毛（100〜150μm）が生えている。臭気物質に触れることで匂いの感覚が生じる。

嗅覚に対する感覚は個人差があり、高齢になるほど鈍くなる。

嗅覚が敏感に働くのは、18〜25℃ぐらいの気温といわれる。臭気物質によって異なるが、一般的に湿度が上昇すると嗅覚は敏感になる。

●味覚

味覚も化学感覚である。**塩辛い、酸っぱい、甘い、苦い**と大きく４種類に分類できる（**うまみ**を加えて５種類とすることもある）。

味覚は、舌のどこでも感じることから、部位別の違いはないとされる。

その中で、味蕾（みらい）が密集している部分では、より敏感に味を感じるといわれる。

舌には、舌乳頭（ぜつにゅうとう）といわれる糸状（しじょう）乳頭、茸状（じじょう）乳頭、葉状（ようじょう）乳頭、有郭（ゆうかく）乳頭があり、味を感じる味蕾は味（み）細胞の集まりである。

また、味蕾は舌だけでなく軟口蓋（なんこうがい）（口奥の上あご部分）、口蓋垂（こうがいすい）（垂れ下がる円錐形の突起）、咽頭（いんとう）にもある。

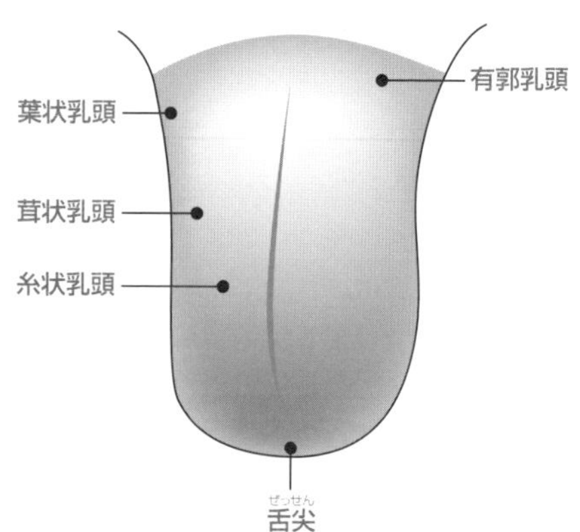

一般的に、苦さに対する感覚は敏感であるが、加齢によりすべての味に対する感覚が鈍くなる。

●感覚の変化

嗅覚も味覚も物質の化学的性質を認知する感覚であるが、感覚は、刺激の強さと知覚する強さとの関係でみることができる。刺激が長時間加わると、感覚の強さは次第に消滅していく。したがって、刺激の量と人間が意識する感覚の強さの直線的な比例関係は、初期段階の限定された範囲でしかない。

①**嗅覚は、同一の匂いに対しては、容易に疲労する。**
②**味覚・嗅覚には、個人差があるとともに、加齢により感覚が鈍くなる。**

■**篩板・嗅球の位置**：篩板は、嗅神経が通る小孔である。

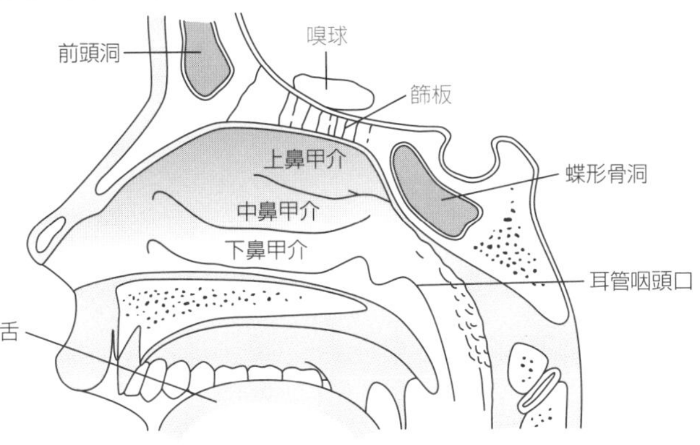

嗅覚は嗅細胞（嗅粘膜）→嗅神経→**嗅球**→嗅索→嗅覚中枢へと伝えられる。

出題パターン

Q1 嗅覚は、わずかな匂いでも感じるほど鋭敏で、同じ臭気に対しても疲労しにくい。
Q2 物理化学的な刺激の量と人間が意識する感覚の強度とは、直線的な比例関係にある。
Q3 味覚と嗅覚は、化学感覚ともいわれ、物質の化学的性質を認知する感覚である。

A1=× 嗅覚は鋭敏な化学感覚だが同一臭気に対しては疲労しやすく、匂いに慣れると感覚を失う。
A2=× 刺激の量と人間が意識する感覚の強度の直線的な比例関係は、限定された範囲でしか成立しない。
A3=○ 嗅覚と味覚は、化学物質が刺激となって起こる感覚で化学感覚といわれる。

皮膚感覚 ここを押さえる

●皮膚の構造

表皮と真皮からなり、知覚神経が分布する。外界の状況を感知する主要な感覚器官である。

・**表皮**：重層扁平(へんぺい)上皮でできている上皮組織。組織を形成する上皮細胞は十数層にも重なり、表面の細胞は角化している。

・**真皮**：血管、神経に富んだ結合組織である。

●皮膚感覚

皮膚感覚の刺激は、知覚神経終末（皮膚や粘膜）で感受→脊髄→脳幹→大脳皮質の体知覚中枢の順に伝わり、感覚が起こる。

●皮膚感覚の種類

皮膚感覚には、①**痛覚**、②**冷覚**、③**温覚**、④**圧覚**、⑤**触覚**がある。

・**圧覚**：圧力の強弱を感じる２種類の圧覚点があり、軽い圧力への反応は、凹凸を感じるなど、**触覚**と同じような働きをする。手のひらに物を乗せたときは、皮膚がどれくらい凹むかにより重さを感知している。

●皮膚感覚点

表皮、真皮の知覚神経終末が刺激を感受する部位を感覚点という。

皮膚面には１cm^2当たり、痛覚点100～200個、触覚点20～25個、冷覚点６～23個、温覚点０～３個がある。

痛覚点は皮膚に広く分布し、他の感覚点に比べ**密度**が大きい。

温度感覚に関しては、一般に冷覚の方が温覚よりも鋭敏で、温覚は徐々に起こるが、冷覚は急速に現れる。

触覚点は毛根の周辺にたくさんあり、皮膚に比べて毛の方がより敏感に反応する（毛髪に触覚点があるわけではない）。

●ウェーバーの法則

生理学者E. H. ウェーバーの皮膚感覚に関する研究で示されたものである。

・**弁別閾(いき)**：感覚刺激の識別に関するもので、「刺激を判断できる最小の値（弁別閾）は、原刺激の値に比例する」というのが、その１つ。

例えば、100gのおもりを持った人が５gの重さの変化を感知できる場合、1,000gのおもりを持つと50gの重さの変化を感知できる、というものである。

・**二点弁別閾**：皮膚の近い２点を先端の尖ったもので触れると、２点に感じる部分と１点にしか感じない部分がある。１点に感じる直前の２点で、別々の刺激として感じる最小距離を二点弁別閾といい、体の部位により異なることを示した。口唇、顔、指先等は二点弁別閾が小さく、上腕・下腿・背部などは大きい。

①痛覚点は皮膚に広く分布し、他の感覚点に比べ密度が大きい。
②冷覚の方が温覚よりも鋭敏で、温覚は徐々に起こるが、冷覚は急速に現れる。

■感覚の種類

（1）体性感覚

①一般体性感覚：２種類に分けられる。

皮膚感覚

・痛覚、冷覚、温覚、圧覚、触覚…知覚神経の終末で感受

深部感覚

・運動感覚：筋、腱、関節からの刺激で身体の位置、動き、重量感、抵抗感などを知覚

・深部痛覚：筋、腱、骨膜、血管などに生じる痛覚

②特殊体性感覚：視覚、聴覚、平衡感覚

（2）内臓性感覚

①一般内臓性感覚：飢餓感、渇き、吐き気、便意、尿意、臓器痛覚

②特殊内臓性感覚：味覚、嗅覚

出題パターン

Q1 皮膚感覚には、触圧覚、痛覚、温度感覚（温覚・冷覚）などがあり、これらのうち冷覚を感じる冷覚点の密度は他の感覚点に比べて大きい。

Q2 深部感覚は、筋肉や腱等の受容器から得られる身体各部の位置や運動等の感覚である。

Q3 温度感覚は、皮膚のほか口腔（くう）などの粘膜にも存在し、一般に温覚の方が冷覚よりも鋭敏である。

A1＝× 皮膚感覚の触圧覚、痛覚、温度感覚などのうち、痛覚を感じる痛覚点の密度が、他の感覚点に比べて大きい。

A2＝○ 深部感覚は、筋肉や腱等身体深部にある受容器から得られる身体各部の位置や運動等の感覚である。深部感覚と皮膚感覚とを合わせて一般体性感覚という。

A3＝× 皮膚の感覚器官は１cm^2当たり、冷覚点が６～23個、温覚点が０～３個あるので、一般に「冷覚」の方が「温覚」よりも鋭敏である。

腎臓・尿 ここを押さえる

●腎臓の位置・機能

腎臓は、1つの重さ約130g程度、そら豆状で縦横約10×5～6cm程度。背中側の腰より少し上あたり、脊柱の両側に一対ある。腎臓は、①尿の生成、②体液量の調節、③血中の代謝物・老廃物の排泄、④体液の浸透圧とイオン組成の調節、⑤血液pHの調節をしている。

皮質	表層部分。腎小体が主成分。
髄質	内側（深部）。尿細管等が主体。

●腎臓の構造と機能

1つの腎臓は、約100万個の「ネフロン(腎単位)」から成り立つ。ネフロンは、①尿を作るろ過装置（腎小体（じんしょうたい））、②尿を運び出す管（尿細管）からなる。

- 腎小体：毛細血管の塊・糸球体（しきゅうたい）とこれを包むボウマン嚢（のう）からなる。
- 糸球体：水分、グルコース、アミノ酸、電解質など固形成分をボウマン嚢にろ過し、原尿をつくる。血球・蛋白質（たんぱく）はろ過されない。
- 原尿：ボウマン嚢にたまり、尿細管へ流れて、再利用物質の「再吸収」が行われる。残りは腎盂（じんう）から尿管へ向かう。
- 尿細管：水分の99%を再吸収、血液の水分調節を行う。電解質、グルコース、アミノ酸など再利用できる物質も再吸収して毛細血管へ戻す。

※電解質：血液や体液にあるカリウム・ナトリウム・リン・塩化物イオンなど。

●尿

- 尿の成分：95%の水分と、5%の固形成分（窒素性老廃物、電解質等）からなる。
- 尿の比重：10.15～10.30であるが、水分摂取量が多いと10.10程度まで小さくなる。
- 尿の量：1日1～1.5L。pH5～7で弱酸性である。
- 排尿中枢：仙髄（せんずい）にあるが上位排尿中枢は中脳の脳幹にある。
- 尿意：膀胱（ぼうこう）内に尿が300～400mlたまり、膀胱内圧が20cmH_2Oを超えると尿意を感じる。個人差はある。

●腎臓の病気

腎臓病は多くの場合、尿素の排出に影響を与えて尿素窒素の値を増加させる。

尿蛋白の増加は、慢性腎炎や糸球体が障害を受けるネフローゼ症候群や膀胱、尿道などの病気が疑われる。

●主な排泄器官の作用

器官	作用	主な排泄物・分泌物
皮膚	発汗	水分、塩類
肺	呼気	炭酸ガス、水分
腎臓	排尿	水分、尿素、アンモニア
肝臓	胆汁	胆汁色素、胆汁酸塩
大腸	排便	水分、鉄、カルシウム
唾液腺	唾液	水銀、鉛、ヨウ素

①**尿蛋白が陽性のときは、腎臓、膀胱又は尿道の病気などが疑われ、慢性腎炎やネフローゼ症候群などの場合、病態が重いほど尿中蛋白質が増加する。**
②**血糖値が正常であっても、体質的に腎臓から糖がもれて尿糖が陽性となる場合を腎性糖尿という。**

ナビゲーション

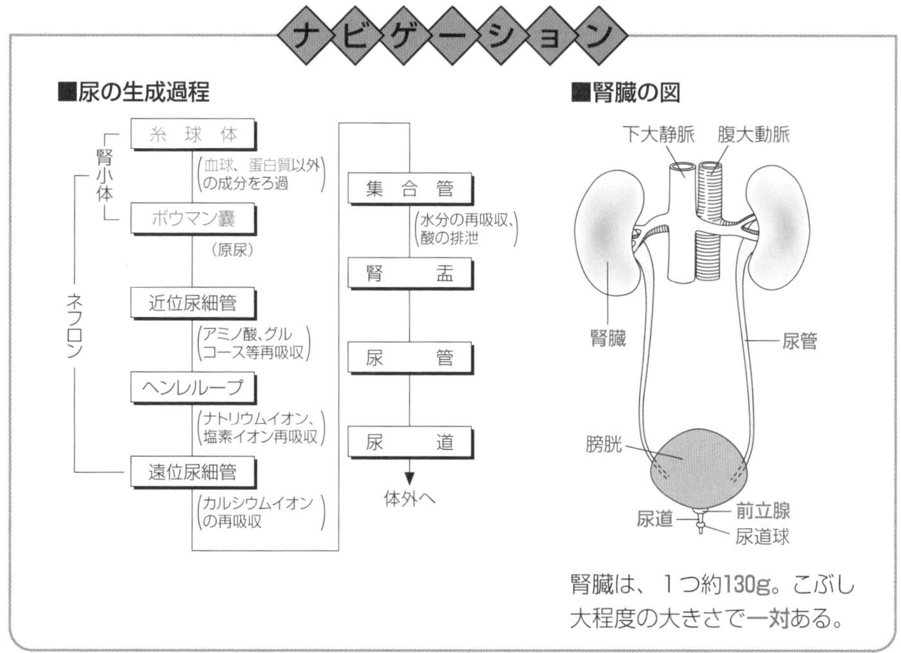

腎臓は、１つ約130g。こぶし大程度の大きさで一対ある。

出題パターン

Q1 血中のグルコースは、糸球体からボウマン嚢に濾(こ)し出される。
Q2 原尿中に濾し出された電解質の多くは、ボウマン嚢から血中に再吸収される。
Q3 血中の老廃物は、尿細管からボウマン嚢に濾し出される。

A1=○ 血中のグルコースは、一旦、糸球体からボウマン嚢に濾し出され原尿となる。
A2=× 原尿中の水分、電解質、糖などの成分は尿細管において血液中に再吸収される。
A3=× 血液中の血球及び蛋白質以外の成分は、糸球体からボウマン嚢に濾し出される。

内分泌ホルモン ここを押さえる

●内分泌

内分泌腺から分泌されるホルモンが血液に入り、循環して他の臓器の働きや成長などに特定の影響を及ぼす。内分泌腺は、導管を有しない腺細胞の集団でホルモンの生成を行う。

●主要ホルモンとその働き

（1）副腎髄質(ふくじんずいしつ)から分泌

①アドレナリン：交感神経作用と同じ生理作用を持ち、グリコーゲン分解を促進し、血圧・血糖値の上昇、心拍数増加などを引き起こす。

②ノルアドレナリン：強いストレスや痛みを感じたとき、交感神経を刺激して心拍数増加や血圧上昇などを引き起こす。

③ドーパミン：運動機能やホルモン分泌を調節する。快感・やる気などの感情にもかかわる。分泌過剰は幻覚などの発症につながり、不足すると抑うつ状態などを起こす。

※カテコールアミン：①②③を合わせた神経伝達物質の総称。過剰な分泌は高血圧や過度の発汗・動悸など。不足すると脱力感・意欲低下や抑うつ状態につながる（ナビ参照）。

（2）副腎皮質から分泌

①コルチゾール：血糖量を増加させる。

②アルドステロン：体液中の塩類バランスに関与する。

（3）膵臓(すいぞう)から分泌

①インスリン：ランゲルハンス島のβ細胞から分泌。グリコーゲンの合成を促進し、血糖値を低下させる。

②グルカゴン：ランゲルハンス島のα細胞から分泌。グリコーゲンを分解、血糖値を上昇させる。

（4）その他の分泌

①メラトニン：脳の松果体(しょうかたい)から分泌され、睡眠に関与する。

②パラソルモン：副甲状腺（上皮小体）から分泌され、カルシウムバランスを調節する。

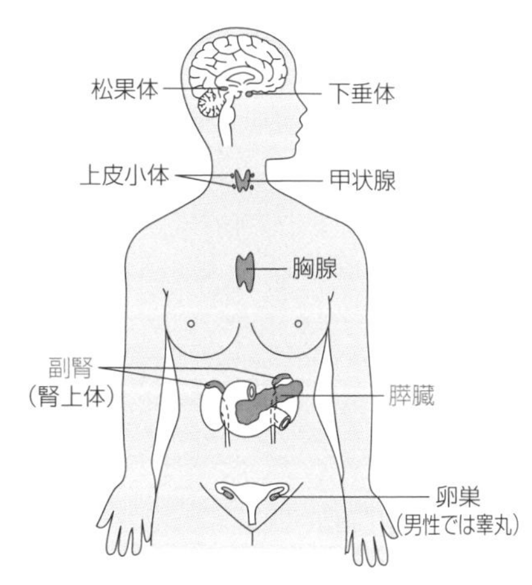

①アドレナリンは、肝臓のグリコーゲンの分解を促進、血中の糖分濃度を上昇、心拍出量を増加させる。また血管を収縮させ、血圧を亢進（こうしん）させる。

②筋労作時には、エネルギー源として筋肉中や肝臓のグリコーゲンが使われる。この消耗を補うためにアドレナリンの分泌が増加し、血中ブドウ糖の濃度を高める。

■主要ホルモンの分泌と機能

ホルモンの名称	内分泌器官	機能概要
メラトニン	脳の松果体	睡眠、サーカディアンリズム調整
オキシトシン	下垂体後葉	心の癒しホルモン
サイロキシン	甲状腺	体熱産生促進
パラソルモン	副甲状腺（上皮小体）	血液中カルシウム濃度増加
インスリン	膵臓	血糖量の減少
グルカゴン		血糖量の増加
コルチゾール	副腎皮質	血糖量の増加、過度のストレスに反応
アルドステロン		体液中塩類バランス調整
アドレナリン	副腎髄質	交感神経作用と同じ、筋活動円滑遂行
ノルアドレナリン		血圧上昇、血管収縮
ドーパミン		運動機能、ホルモン分泌を調整
ガストリン	胃（前庭部）	胃酸分泌促進作用

出題パターン

Q ホルモン、その内分泌器官及びそのはたらきの組合せとして、誤っているものは次のうちどれか。

	ホルモン	内分泌器官	はたらき
（1）	コルチゾール	副腎皮質	血糖量の増加
（2）	アルドステロン	副腎皮質	体液中の塩類バランスの調節
（3）	メラトニン	副甲状腺	体液中のカルシウムバランスの調節
（4）	インスリン	膵臓	血糖量の減少
（5）	グルカゴン	膵臓	血糖量の増加

A=（3）。副甲状腺から分泌され、血液中のカルシウム濃度を上昇させる（体液中のカルシウムバランスを調節する）副甲状腺ホルモンは「パラソルモン」である。メラトニンは、脳の松果体から分泌される睡眠ホルモンである。

4章 7

呼吸 ここを押さえる

●呼吸の機能

呼吸とは酸素を体内組織に取り入れ、二酸化炭素を排出すること（ガス交換）である。**呼吸運動**は、主として**肋間筋**（ろっかんきん）と横隔膜（おうかくまく）の**協調運動**により、胸郭内容積（きょうかくないようせき）を周期的に増減し、肺を伸縮させることで行われる。

気道から取り込まれた空気は肺胞で、酸素を血液中に与え、二酸化炭素を血液中からとる。このガス交換を外呼吸（肺呼吸）という。

血液中に溶け込んだ酸素は、血管から組織に、逆に組織から出た二酸化炭素は、血管内の血液に溶け込む。この組織内部で行われるガス交換を内呼吸（組織呼吸）という。

血液中の酸素は、赤血球中のヘモグロビンが**運搬**する。

●呼吸中枢

延髄（えんずい）の網様体にあり、ここからの刺激により呼吸に関与する筋肉が支配されている。

呼吸中枢の働きは主として、動脈血の二酸化炭素分圧によって調節されている。

血液中に**二酸化炭素**が増加してくると、呼吸中枢が刺激されて**呼吸**は深くなり、**１回換気量**は多くなる。**呼吸数**が増加するので、肺でのガス交換の量が多くなる。

※１回換気量：安静時１回の呼吸で肺に出入りする空気量（約500ml）。

●呼吸数

成人で１分間に16～20回であり、若年ほど多い。年齢、気温、運動、体温、精神状態などにより変わる。

●肺活量

最大吸気後の最大呼気量（約3,000～4,500ml）。年齢、性別、体格などで異なる。

肺活量の多い人は肺でのガス交換面積が広く、少ない人に比べて、単位時間当たりのガス交換量が多くなるので、激しい肉体労働に有利であるといえる。

●吸気と呼気のガス成分

	O_2	CO_2	N_2
吸　気	21%	0.04%	78%
呼　気	16%	4.00%	78%

※**吸気**：胸郭内容積が増し、内圧が低くなるにつれ、鼻腔や気道を経て肺内へ流れ込む空気。

※呼吸により、約４%の二酸化炭素が排出されている。

●睡眠時無呼吸症候群(SAS：Sleep Apnea Syndrome)

一晩（７時間）の睡眠中に10秒以上の無呼吸が30回以上、又は、睡眠１時間当たりの無呼吸数や低呼吸数が５回以上起こる状態。酸素不足により睡眠不足が起こる。

①肉体労働によって呼吸が激しくなるのは、主に血液中の二酸化炭素分圧が高くなるからである。
②酸素の運搬役は赤血球の中のヘモグロビンである。

ナビゲーション

■ガス交換のしくみ

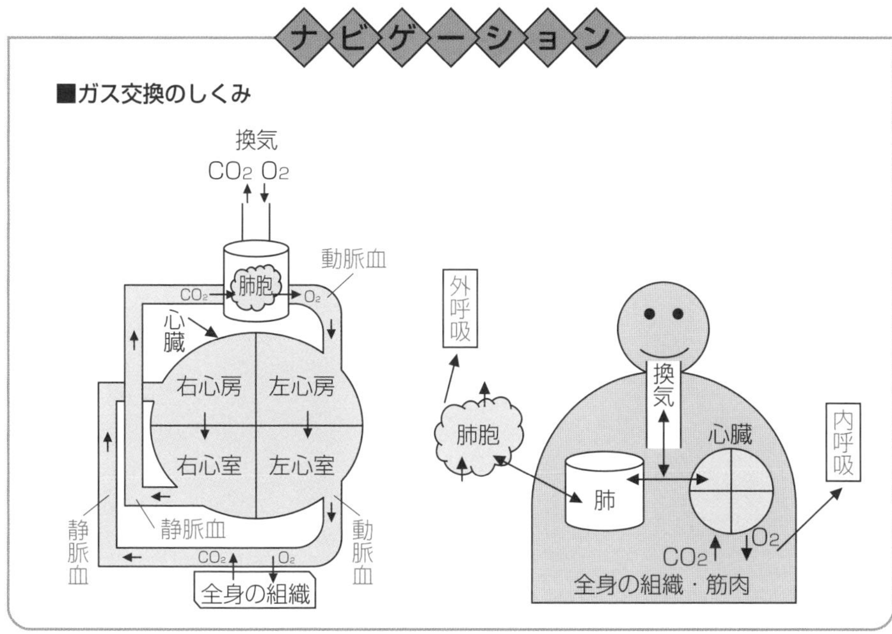

出題パターン

Q1 肺胞内の空気と肺胞を取り巻く毛細血管中の血液との間で行われるガス交換は、内呼吸である。

Q2 呼吸に関与する筋肉は、間脳の視床下部にある呼吸中枢によって支配されている。

Q3 身体活動時には、血液中の窒素分圧の上昇により呼吸中枢が刺激され、１回換気量及び呼吸数が増加する。

A1=× 血液中の二酸化炭素と空気中の酸素のガス交換を外呼吸と呼ぶ。細胞組織において行われるガス交換は内呼吸と呼ぶ。

A2=× 呼吸中枢は延髄の網様体にあり、ここからの刺激により呼吸に関与する筋肉が支配されている。

A3=× 呼吸中枢は主として動脈血の二酸化炭素分圧によって調節されている。血液中に二酸化炭素が増加してくると、呼吸中枢が刺激されて、呼吸は深くなり、１回換気量と呼吸数は増加する。

4章 8

呼吸2

呼吸器 ここを押さえる

●呼吸器

鼻腔、咽頭、喉頭、気管、気管支、肺からなる。

- ・**鼻腔**：鼻腔への入り口を外鼻腔という。鼻腔は鼻中隔によって左右2つに分けられている。
- ・**副鼻腔**：鼻腔に続く骨の中にできた空洞である。
- ・**咽頭**：鼻腔の奥から喉頭の後方。
- ・**喉頭**：発声器があり咽頭と気管の間。
- ・**気管**：頸部から胸部の中央まで長さ約10cm。
- ・**気管支**：細かく枝分かれした末端が肺胞である。

●気道

鼻から肺に至る空気の通路全体のこと。

①上気道：鼻腔、咽頭

②下気道：喉頭、気管、気管支

●気道の生理作用

①**呼吸気の通路**

②吸気への**加温**、**加湿**

③**異物の除去**

④有毒ガスの吸入を避ける

⑤嗅覚作用(鼻腔の奥にある嗅上皮による)

⑥**発声**（声帯の振動によって起こる）

●呼吸運動

主として肋間筋と横隔膜の協調運動、肺の拡張、収縮を行う。

吸気運動と**呼気**運動に分かれ、各部位の動きは次のようになる。

吸気	呼吸運動部位など	呼気
収縮	肋間筋・横隔膜	弛緩
拡張	胸郭	収縮
低下	胸膜腔の内圧	上昇
吸入	空気（肺）	排出

胸郭で呼吸運動をすることを**胸式呼吸**、横隔膜では**腹式呼吸**という。

●呼吸中枢

吸気・呼気の呼吸中枢は延髄の網様体にある。

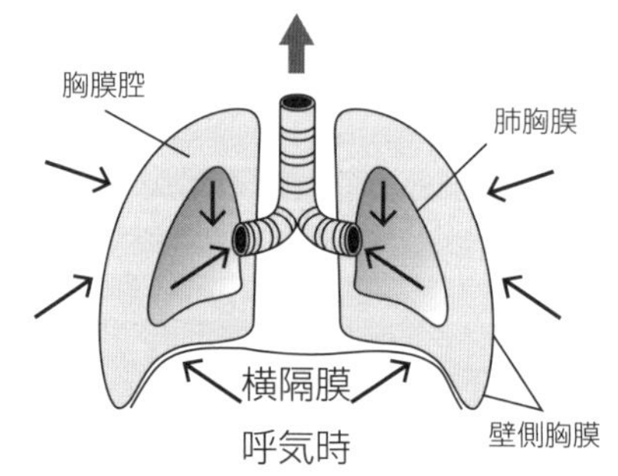

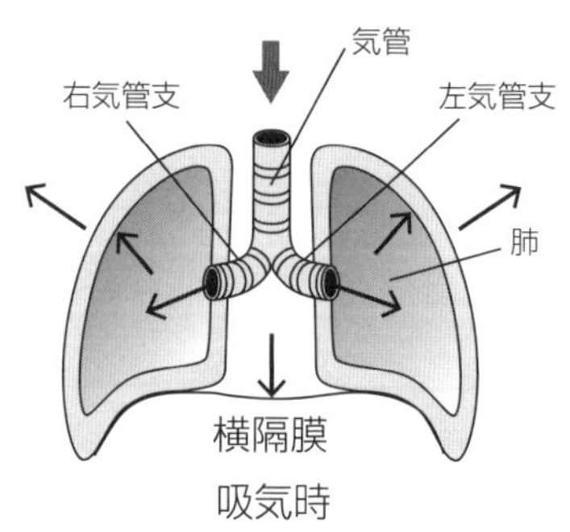

〔呼吸路・呼気と吸気〕

①呼吸運動は主として肋間筋と横隔膜の協調運動で行われ、肺自体には運動能力はない。
②呼吸中枢は延髄の網様体にある。

ナビゲーション

■肺の構造

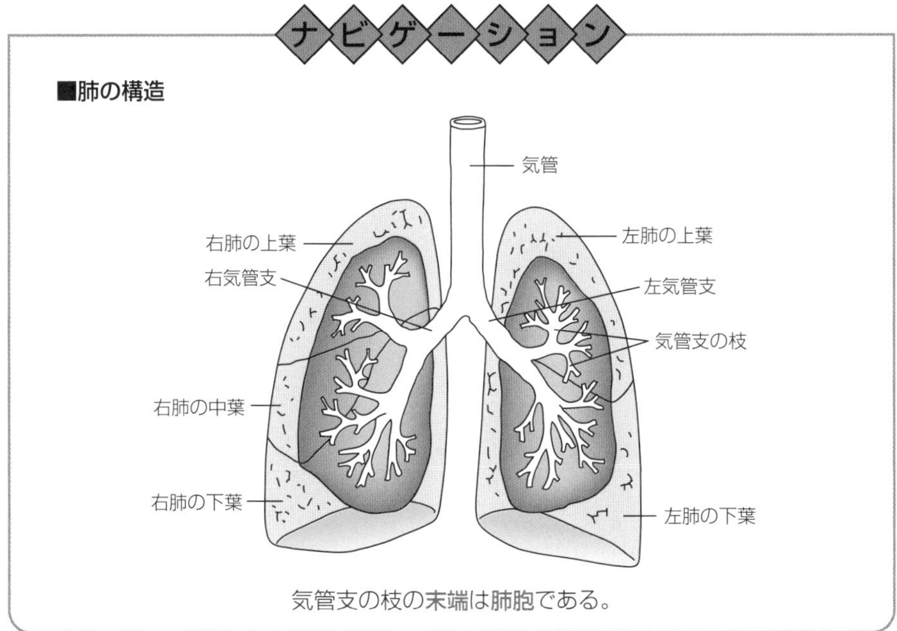

気管支の枝の末端は肺胞である。

出題パターン

Q1 横隔膜が下がり、胸腔の内圧が低くなるにつれ、鼻腔や気管などの気道を経て肺内へ流れ込む空気が吸気である。

Q2 胸郭内容積が増し、内圧が低くなるにつれ、鼻腔や気管などの気道を経て肺内へ流れ込む空気が吸気である。

Q3 呼吸運動は、気管と胸膜の協調運動によって、胸郭内容積を周期的に増減させて行われる。

A1=○ 胸郭内容積が増し、内圧が低くなるにつれ、鼻腔や気道を経て肺内へ流れ込む空気が吸気である。

A2=○ **A1**参照。

A3=× 肺自体には運動能力がないので、呼吸運動は主として肋間筋と横隔膜の協調運動によって行われる。

神経（1）ここを押さえる

●神経系統

神経系は、下図のように中枢神経系と末梢神経系に分けられる。

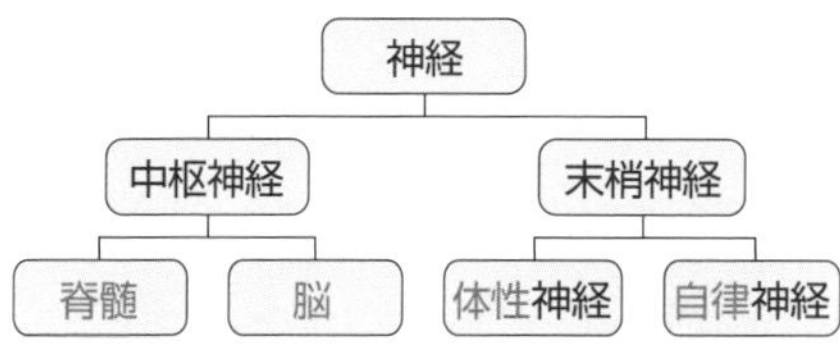

・ニューロン：神経系の基本構成単位となる神経細胞で、核を持つ細胞体と突起（樹状突起と軸索（じくさく））からなる。
樹状突起は、他のニューロンからの刺激を受容する。軸索は、他のニューロンへ刺激を伝える線維である。

・シナプス：ニューロンが他のニューロンと接合する部分。ニューロンから他に神経興奮を伝達する場所である。

●脊髄

脊柱管（せきちゅうかん）に入っている細長い器官で、椎骨（ついこつ）で保護されている。内部はH字の形をした灰白質（かいはくしつ）と、周囲を包む白質からなる。

灰白質の左右の前部（前角）は運動神経細胞、後部（後角）は知覚神経細胞からなる。

白質は、情報を脳へ運ぶ経路と脳の刺激の結果を筋肉に運ぶ神経線維の束からなり、神経細胞体はない。

脳・脊髄からの情報：運動神経（遠心性神経）→前角→前根→骨格筋に伝わる。

皮膚・筋からの刺激：知覚神経（求心性神経）→後根→後角→脳に伝わる。

※**神経**：筋肉に比べると疲労しにくいが、酸素の供給が乏しいと疲労する。

●脳

脳は頭蓋内にある中枢神経で、神経細胞と神経線維が無数に集合したものである。

神経細胞体部分は灰白質で、神経線維部分は白質である。

脊髄とは逆に、灰白質が表層（**皮質**（大脳皮質））で、白質が内部（**髄質**）にある。

各部分で最も大きく発達しているのが終脳で、深い溝で左右二つに分かれ、これを**大脳半球**という。

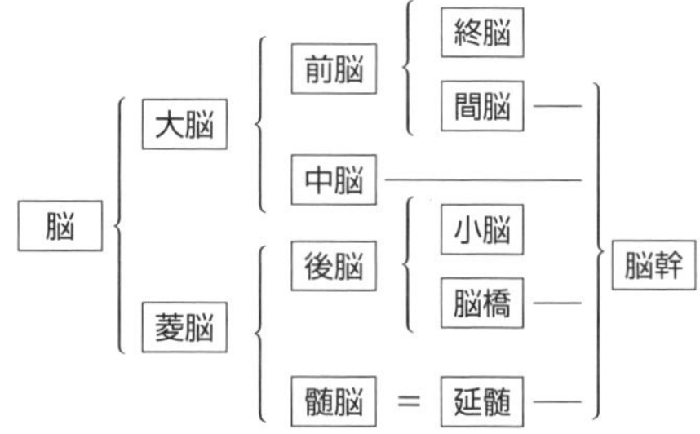

●大脳半球の障害

脳梗塞や怪我などで脳が障害を受けると、部位が担っていた機能を失う。

（例１）**聴覚性言語中枢の障害**：言葉を音として聴けても、意味を理解できなくなる。

（例２）**運動性言語中枢の障害**：声は出せてもまとまった言葉として話せなくなる。

①神経系は、中枢神経系と末梢神経系に大別される。
②中枢神経系は脳と脊髄からなり、末梢神経系は、体性神経と自律神経からなる。
③灰白質は神経細胞からなり、白質は神経線維からなる。
④脳の表層の灰白質を皮質（大脳皮質）と呼び、内部の白質部分を髄質と呼ぶ。脊髄では白質が外に、灰白質が内にある。

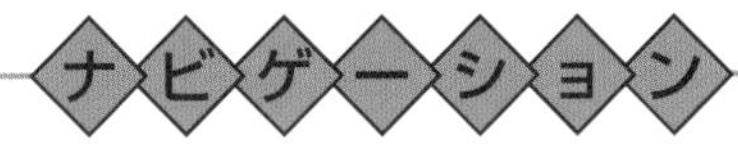

■大脳半球以外の機能等

		位置	機能
小脳		延髄と橋の背方にある	骨格筋の緊張を適度に保ち、筋の収縮を調節する。侵されると運動失調が起こる。
延髄		脳の最下端で脊髄に続く	呼吸、血液循環、嚥下、発声、唾液、涙などの生命保持に重要な中枢である。
中脳		橋の前に続く短い部分	姿勢や眼球の運動、瞳孔縮小などに関する中枢がある。
間脳		中脳のさらに前上方	視床と視床下部に分けられる。
	視床	視覚、聴覚、体性感覚の神経線維の中継点	嗅覚以外の身体の末梢からの知覚を大脳皮質に伝える。
	視床下部	自律神経系の調整中枢	生命維持機能に関して重要な体温調節、血圧、睡眠、消化、水分調節、性機能などを調節する。
脳橋		延髄の上方の続き	延髄と中脳や大脳、中脳や大脳と小脳とを連絡する神経線維の通路。

出題パターン

Q1 神経系を構成する基本的な単位である神経細胞は、通常、１個の細胞体、１本の軸索及び複数の樹状突起から成り、ニューロンともいわれる。

Q2 中枢神経系には脳と脊髄が、末梢神経系には体性神経と自律神経がある。

Q3 神経系を構成する基本的な単位である神経細胞は、通常、１個の細胞体、１本の軸索及び複数の樹状突起から成り、シナプスともいわれる。

Q4 体性神経は、運動及び感覚に関与し、自律神経は、呼吸、循環などに関与する。

A1=○ 神経細胞は、１個の細胞体、１本の軸索、複数の樹状突起からなり、ニューロンともいわれる。

A2=○ 中枢神経系と末梢神経系は、記述のとおり分けられる。

A3=× **A1**参照。シナプスは、ニューロンから他に神経興奮を伝達する場所である。

A4=○ 体性神経は、運動と感覚に関与し、自律神経は、呼吸、循環などに関与する（P.152参照）。

神経（2）ここを押さえる

●末梢神経

脳と脊髄以外の神経系全体で、体性神経と自律神経からなる。

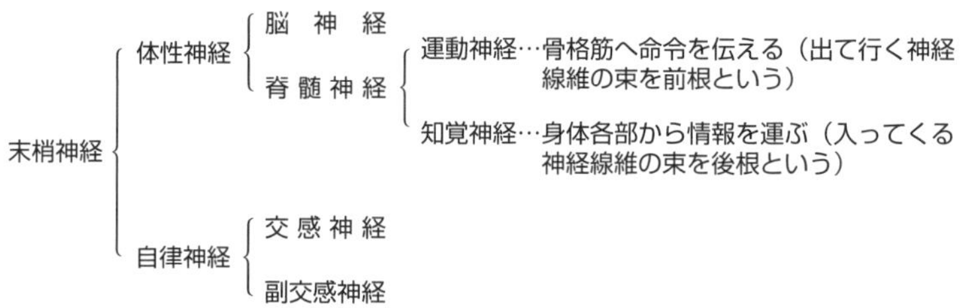

①**体性神経**：脳神経と脊髄神経とに区別される。脳と脊髄から直接出て、身体各部に至る。

②**自律神経**：交感神経と副交感神経があり、内臓や血管などの不随意筋に働く器官の調節をする。昼間は交感神経が緊張し、夜間には副交感神経が緊張する（概日リズム）。

※**概日（サーカディアン）リズム**：生物に備わる昼と夜を作り出す１日のリズムのこと。

●自律神経の作用

交感神経の作用	器官名	副交感神経の作用
脈拍を速める	心　臓	脈拍を遅くする
高める	血　圧	下げる
高める	血糖量	下げる
消化管などでは収縮、筋では拡張、皮膚では拡張収縮の双方向	血　管	拡張
促進	呼　吸	抑制
ぜん動運動を抑制する	消化管	ぜん動運動を促進する
拡大	瞳　孔	縮小

●交感神経と副交感神経

心臓の働きを促進するのは交感神経、抑制するのは副交感神経だが、腸のぜん動運動の場合は、促進するのが副交感神経であり、抑制するのが交感神経である。

自律神経の働きをコントロールしている中枢は脳の視床下部（ししょうかぶ）であるが、ここは同時にホルモン分泌の中枢でもあり、自律神経のバランスが崩れると影響が現れる。のぼせ、ほてりなどの更年期にみられる症状などが典型である。

①末梢神経とは、脳と脊髄以外の神経系全体をいい、体性神経と自律神経からなる。
②自律神経系は、不随意筋に分布する。

■12対の脳神経と機能

脳神経	出入位置	機　　能
嗅 神 経	終脳に入る	嗅細胞と脳とを連絡し、嗅覚を伝導する。
視 神 経	間脳に入る	眼球から間脳に入り、網膜で受けた光の刺激を脳に伝える。左右の視神経は脳に入る前に交叉している。
動眼神経	中脳から出る	眼球を動かすいくつかの筋に入る運動神経。
滑車神経	中脳から出る	眼球を動かす筋の１つに入る運動神経。
三叉神経	脳橋に出入りする	知覚神経線維と運動神経線維の両方を含み、脳から出て間もなく３本に分かれるので三叉という。顔や口腔などの**知覚**と咀嚼（そしゃく）筋の運動に関与する。
外転神経	脳橋から出る	眼球を動かす筋の１つに入る。
顔面神経	脳橋から出る	顔の表情を支配する運動神経。味覚、涙腺、唾液腺の分泌を調節する神経も含む。
内耳神経	脳橋に入る	前庭神経と蝸牛神経。**三半規管**と前庭、蝸牛とに分布する知覚神経。**平衡感覚**、聴覚を伝える。
舌咽神経	延髄から出入りする	舌根部と咽頭に分布し、その知覚のほかに咽喉壁の出入運動や唾液の分泌にも関与する。
迷走神経	延髄から出入りする	頭、頸、胸、腹部に広く分布し、**知覚**、**運動**、**分泌**の３種の神経線維からなる。咽頭から大腸の途中までの消化管や肝臓、膵臓、心臓、肺、気管、気管支などの諸器官に分布し、その働きを調節する。
副 神 経	延髄から出る	胸鎖乳突筋（きょうさにゅうとつきん）と僧帽筋（そうぼうきん）に分布する運動神経。
舌下神経	延髄から出る	舌の動きに関与する運動神経。

出題パターン

Q1 消化管に対しては、交感神経は運動を促進させるように作用し、副交感神経は運動を抑制させるように作用する。

Q2 心臓に対しては、交感神経は心拍数を増加させるように作用し、副交感神経は心拍数を減少させるように作用する。

A1=× 同一器官に分布していても、交感神経と副交感神経の作用はほぼ正反対で、バランスをとって働く。消化管に対しては、交感神経は運動を抑制させ、逆に副交感神経は促進させる作用がある。

A2=○ 心臓に対して交感神経は心拍数を増加させ、副交感神経は心拍数を減少させる作用がある。

4章 11

消化器系

主な消化器 ここを押さえる

●主な消化器・酵素等

消化の大部分は、小腸で加水分解され吸収される。胃から送られた半消化物は、膵液・腸液・胆汁の作用を受ける。

膵液の酵素は、蛋白質、脂肪やでん粉を吸収しやすい成分に分解、腸液の機能は消化をおし進め、胆汁は、脂肪と結合して脂肪の消化を助けている。

臓器		酵素等	消化される物	生成される物
口腔		咀嚼	——	——
	唾液	プチアリン（アミラーゼ）	でん粉（糖質）	デキストリン、麦芽糖（マルトース、二糖類）
胃	胃液 2～3 L/日	ペプシン	蛋白質	ペプトン
		リパーゼ	脂肪	脂肪酸、グリセリン
		胃酸（塩酸）（pH1.0～1.5）	カルシウム	水溶性にする
十二指腸	肝臓	胆汁を1L/日分泌→胆嚢へ貯留	——	——
	胆嚢	胆汁	脂肪	乳化させる
	膵臓（膵液）	膵リパーゼ	脂肪	脂肪酸、グリセリン
		アミロプシン	糖質	——
		エンテロキナーゼ（トリプシノーゲン、トリプシン→小腸へ）	蛋白質、ポリペプチド、ペプトン	ポリペプチド
		アミラーゼ	でん粉	麦芽糖
小腸		トリプシン	蛋白質、ペプトン	アミノ酸
	腸液	エレプシン（ペプチダーゼの混合物）	ペプトン、ポリペプチド	アミノ酸
		ジペプチダーゼ	ジペプチド	アミノ酸
		マルターゼ	麦芽糖	ブドウ糖
		ラクターゼ	乳糖	ブドウ糖、ガラクトース
		スクラーゼ	ショ糖	ブドウ糖、果糖
		腸リパーゼ	脂肪	脂肪酸、グリセリン
大腸		微生物（腸内細菌）	食物繊維等	ビタミンB、Kなど、便

●小腸で吸収された栄養素の搬送

多くは肝臓に貯蔵される。

①腸の毛細血管→門脈→肝臓→静脈→心臓→全身へ
（糖質、一部の脂肪酸、蛋白質、ミネラル、水溶性ビタミン、水）

②リンパ管→胸管→静脈→心臓→全身へ
（脂質、脂溶性ビタミン）

●腸内細菌

約500～1,000種類、約500兆～1,000兆個、総重量約1.5kg。役割、機能は各種臓器に匹敵する。

①糖質（でん粉）はアミラーゼにより麦芽糖に変化する。麦芽糖はマルターゼによりブドウ糖に変化する。
②小腸では、蛋白質はトリプシンによりアミノ酸に変化する。
③脂肪はリパーゼにより脂肪酸、グリセリンに変化する。

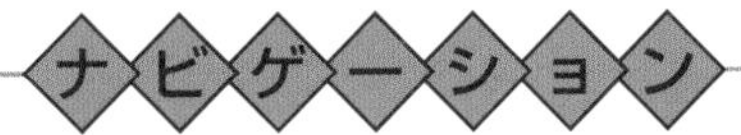

■消化器官の位置と名称の図

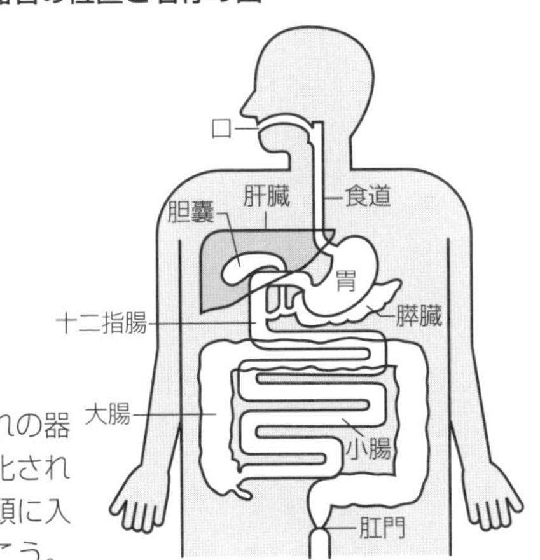

それぞれの器官で消化される物を頭に入れておこう。

■摂取した食物の吸収率

糖　質	99%
脂　質	75～85%
蛋白質	80～85%

摂取した糖質は、ほとんどすべてが吸収される。

出題パターン

Q　摂取した食物中の炭水化物（糖質）は消化管において主にブドウ糖に、同じく脂肪は脂肪酸とグリセリンに、同じく蛋白質はアミノ酸に分解されるが、これらの分解されたものの小腸における吸収に関する次の文中の［　　］内に入れるAからDの語句の組合せとして、正しいものは（1）～（5）のうちどれか。
「・［ A ］及び［ B ］は、絨毛から吸収されて毛細血管に入る。
・［ C ］は、絨毛から吸収された後、大部分は［ D ］となってリンパ管に入る。」

	A	B	C	D
（1）	ブドウ糖	脂肪酸とグリセリン	アミノ酸	脂肪
（2）	ブドウ糖	脂肪酸とグリセリン	アミノ酸	蛋白質
（3）	ブドウ糖	アミノ酸	脂肪酸とグリセリン	脂肪
（4）	脂肪酸とグリセリン	アミノ酸	ブドウ糖	蛋白質
（5）	脂肪酸とグリセリン	アミノ酸	ブドウ糖	脂肪

A=（3）。A：ブドウ糖、B：アミノ酸、C：脂肪酸とグリセリン、D：脂肪が入る。

蛋白質の分解・吸収 ここを押さえる

●蛋白質の働き

蛋白質は、筋肉・内臓・骨・髪など身体を作る有機化合物の重要な構成物質である。酵素やホルモンなど生命維持に必要な機能を担う物質の主成分であり、不足すると、身体の機能がうまく働かなくなる。

アミノ酸が結合したもので、「蛋白質の分解・消化」とは、その結合が分離してアミノ酸に分解されることである。

●蛋白質消化の過程

①**胃**：ペプシン（消化酵素）の働きで、ペプトン（ポリペプチドが主成分）に分解される。

②**十二指腸**：膵液に含まれるトリプシン（分解酵素）などで、さらにオリゴペプチド、ジペプチドなどに分解される。

③**小腸**：腸の消化酵素・ジペプチダーゼの働きで、ジペプチドが最小単位のアミノ酸にまで分解される。

※**エンテロキナーゼ**：十二指腸にある加水分解酵素で促進作用があり、膵液の未成熟酵素トリプシノーゲンをトリプシンに変える。

※栄養素の消化酵素：
「**脂肪分解酵素**（膵リパーゼ）」
「**炭水化物分解酵素**（アミラーゼ）」
「**蛋白質分解酵素**（プロテアーゼ：ペプシン、トリプシンなど）」

●吸収から代謝の過程

①**小腸**：小腸壁**絨毛**（じゅうもう）の毛細血管から吸収され、分解されたアミノ酸が肝臓に送られる。

②**肝臓**：アミノ酸の**代謝**が行われる。

肝臓では、アミノ酸の一部が蛋白質に再合成されたり、各細胞へアミノ酸のまま送られたりと、さまざまな蛋白質合成**の材料**として使われる。

余ったアミノ酸は、肝臓でアンモニアとなり尿素へ変換され、**腎臓**に運ばれ尿として排泄される。

●代謝

代謝とは、生体内で生じるすべての化学変化とエネルギー変換のことである。

代謝の過程を物質の面からみた場合を物質代謝と呼び、異化と同化の２種類がある。

・異化：細胞に取り入れられた体脂肪やグリコーゲンなどを分解して、生命活動に必要なエネルギーを発生させ、ATPが生産されること。

・同化：異化により生じたエネルギーなどを用いて、細胞を構成する蛋白質などの生体に必要な物質に合成すること。

※**糖新生**：飢餓時（絶食時）等、血中の**ブドウ糖量**が低下したとき、肝臓でアミノ酸等からブドウ糖を作り出し血液中に**供給する**仕組み。

栄養素の消化酵素は、「脂肪分解酵素（膵リパーゼ）」、「炭水化物分解酵素（アミラーゼ）」、「蛋白質分解酵素（プロテアーゼ：ペプシン、トリプシンなど）」に分けられる。

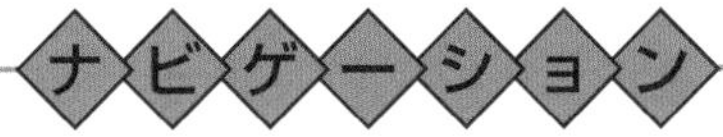

■さまざまな蛋白質の働き

体内には約10万種類の蛋白質があるといわれ、それぞれ独自の働きをしている。

①成長の促進・生命活動の調整や生体恒常性を維持するもの（ホルモン）
②体内で触媒や酵素になるもの
③体の「構造」を維持するもの
④体を動かすもの
⑤栄養や酸素を運ぶもの
⑥カルシウムと結合するもの
⑦免疫機能をつかさどり体を防御するもの
⑧光や匂い・味を感じる受容体（レセプター）など

◆無機塩類とビタミン類　栄養素には**三大栄養素以外**に、体組織を調節する**無機塩類**（ミネラル：カルシウム、リン、鉄など）と**ビタミン類**がある。これらは分解酵素を持たないため、**腸からそのまま吸収**され、肝臓に運ばれる。

出題パターン

Q1 蛋白質は、膵(すい)臓から分泌される消化酵素である膵リパーゼなどによりアミノ酸に分解され、小腸から吸収される。

Q2 血液循環に入ったアミノ酸は、体内の各組織において蛋白質に再合成される。

Q3 飢餓時には、肝臓などでアミノ酸などからブドウ糖を生成する糖新生が行われる。

A1=× リパーゼは消化液（胃液、膵液）に含まれ、脂質の消化を行う消化酵素である。蛋白質は、胃と十二指腸でそれぞれ分解された後、小腸でジペプチダーゼなどの酵素によってアミノ酸にまで分解され小腸から吸収される。

A2=○ 体内では、蛋白質の分解、合成の新陳代謝が常に行われているが、アミノ酸は、生体内の各部位にふさわしい蛋白質として再合成される。

A3=○ 飢餓時には、肝臓などでアミノ酸などからブドウ糖を作り出して血液中に供給する糖新生が行われる。

4章 13

肝臓2

炭水化物(糖)、脂肪 ここを押さえる

●炭水化物（糖）

炭水化物（糖）は三大栄養素の１つとして、脳や神経などのエネルギー源として利用される重要な栄養素である。

◆炭水化物（糖）の消化過程の例

	炭水化物	消化酵素	生成物と吸収
口腔	でん粉	アミラーゼ	デキストリン、マルトース
小腸	マルトース	マルターゼ	グルコース
	ラクトース	ラクターゼ	グルコース、ガラクトース

●炭水化物の吸収と代謝

炭水化物（糖）は、単糖類にまで分解されて小腸の毛細血管から吸収される。

肝臓に運ばれた大部分の単糖類が、エネルギーの利用や生理作用に関与するブドウ糖（グルコース）になる。

多くは血液中に入って血糖となり、濃度はインスリンなどのホルモンで一定に調整されている。

エネルギー源として利用されないグルコースは、グリコーゲンに合成され、肝臓や筋肉に貯蔵されたり、脂肪となって皮下に貯蔵される。

グルコースは、そのままではエネルギー源として利用できないので、さらに分解される。その過程は、ATPが産生される**好気的な代謝**（酸素が供給される）と、乳酸を生成する**嫌気的な代謝**（酸素が供給されない）に分けられる。

※ATP（アデノシン三リン酸）：生命活動のエネルギーは、ATPが分解することでまかなわれる。炭水化物や脂質、蛋白質がエネルギーとして働くためにはATPに内在するリン酸化合物が重要な役割を果たす。

●脂肪

脂肪の多くは安定した中性脂肪（トリグリセライド）として摂取される。咀嚼されて胃に入った脂肪は十二指腸において、肝臓で分泌されるアルカリ性の胆汁によって乳化され、分解が促進される。

脂肪分解の大部分は、膵臓から分泌される膵リパーゼと胆汁の胆汁酸により行われる。

中性脂肪はグリセリンに脂肪酸が結合したもので、膵リパーゼでグリセリンと脂肪酸に分解される。

グリセリンは親水性があり、そのまま**小腸上皮細胞**から吸収される。しかし、脂肪酸は親水性が低く取り込みにくいため、胆汁に含まれる**胆汁酸**でさらに細かく乳化されてから吸収される。吸収されたグリセリン・脂肪酸は、さらに蛋白質と結合してリポ蛋白質となる。リポ蛋白質の多くはリンパ管で吸収され、心臓の動脈から全身へ運ばれ、エネルギーとして使われる。

①炭水化物（糖）は、肝臓に運ばれた大部分が、エネルギーの利用や生理作用に関与するブドウ糖（グルコース）になる。

②エネルギー源として利用されない余分なグルコースは、グリコーゲンに合成され、肝臓や筋肉に貯蔵される。

③脂肪は十二指腸において、肝臓で分泌される胆汁によって乳化され、分解が促進される。

④脂肪分解の大部分は、膵臓から分泌される膵リパーゼと胆汁の胆汁酸により行われる。

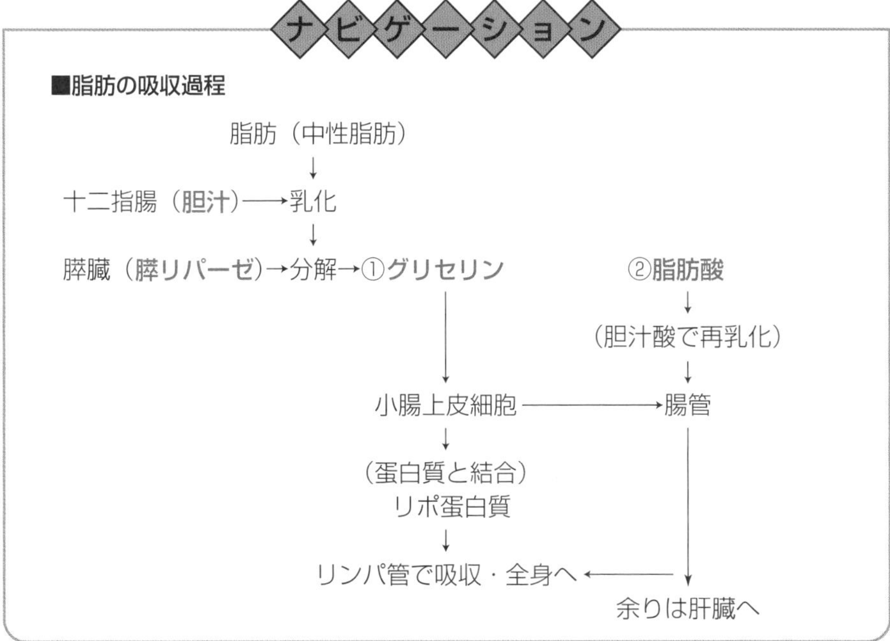

出題パターン

Q1 胆汁は、アルカリ性で、消化酵素は含まないが、食物中の脂肪を乳化させ、脂肪分解の働きを助ける。

Q2 脂肪は、膵(すい)臓から分泌される消化酵素である膵アミラーゼにより脂肪酸とグリセリンに分解され、小腸の絨(じゅう)毛から吸収される。

A1=○ 胆汁は、消化酵素を含まない消化液だが、肝臓でつくられるアルカリ性の液体で、脂肪を乳化し消化吸収を助ける。

A2=× 脂肪を脂肪酸とグリセリン（グリセロール）に分解するのは、膵液に含まれている膵リパーゼである。

4章 14

肝臓3

肝臓の機能 ここを押さえる

●肝臓の機能

肝臓は右横隔膜の真下にある最も大きな臓器で、成人の場合、体重の1/50程度、男性で約1.4kg、女性で約1.2kgある。

①**胆汁の分泌**：肝細胞でつくられる胆汁は、一時胆嚢に貯留されるが、食事を摂った際に十二指腸へ多量に分泌される。

胆汁には脂肪を乳化させる働きがあり、脂肪の消化吸収に欠かせない。代謝異常を起こすと脂肪を肝細胞の中に貯留して脂肪肝になる。

②**グリコーゲンの貯蔵**：脳のエネルギー源であるブドウ糖をグリコーゲンとして蓄え、必要に応じてブドウ糖に分解、血糖として送り出す。

③**解毒作用**：腸管から吸収された有毒物質（毒素など）を分解、破壊して毒性を消去する。アルコールが体内で分解されるとアセトアルデヒドが生じる。これを解毒するのはアルコール分解酵素である。この酵素がよく働く人が酒に強い人といわれる。

④**血球材料の生成**：古い赤血球のヘモグロビンを分解して、胆汁の色素材料・ビリルビン及び新しい赤血球の材料・鉄分を生成する。なお、赤血球は骨髄で産生される。

⑤**尿素・尿酸の生成**：血中蛋白質の分解でつくられるアンモニアを尿素、尿酸に合成して腎臓から排出させる。

⑥**血漿(けっしょう)蛋白質の合成**：アミノ酸として腸壁から吸収された蛋白質をアルブミンやフィブリノーゲン、プロトロンビン等の血漿蛋白質などに合成する。これらは血液凝固に重要な役割を果たす。

⑦**脂肪の予備を貯蔵**：中性脂肪の脂肪酸への合成なども行っている。

⑧**体温を維持**：体内における熱産生の多くは代謝、骨格筋及び肝臓に負っている。肝臓が弱ってくると寒さ暑さに対処する熱発生の調節がスムーズに行われなくなる。

⑨**ビタミン類の貯蔵等**：脂溶性ビタミンを蓄えるが、肝臓がダメージを受けるとビタミン不足をきたす。

⑩**免疫をつかさどる**：肝臓は生体防御として、マクロファージによる防御のほか、樹状(じゅじょう)細胞とリンパ球が常に監視している。また、肝臓内の抗原に対する局所的防衛だけでなく、血行性の抗原に対する全身的防御に当たる。

※マクロファージ：白血球の一種で体内に入ってきた異物を処理する細胞。

⑪**血液の貯蔵**：体循環の血液量調節。

⑫**ヘパリン生成**：血管内血液凝固の防止。

肝臓は様々な機能を持っているが、3要素として代謝、胆汁の分泌、解毒が重要である。

ナビゲーション

■肝臓の図

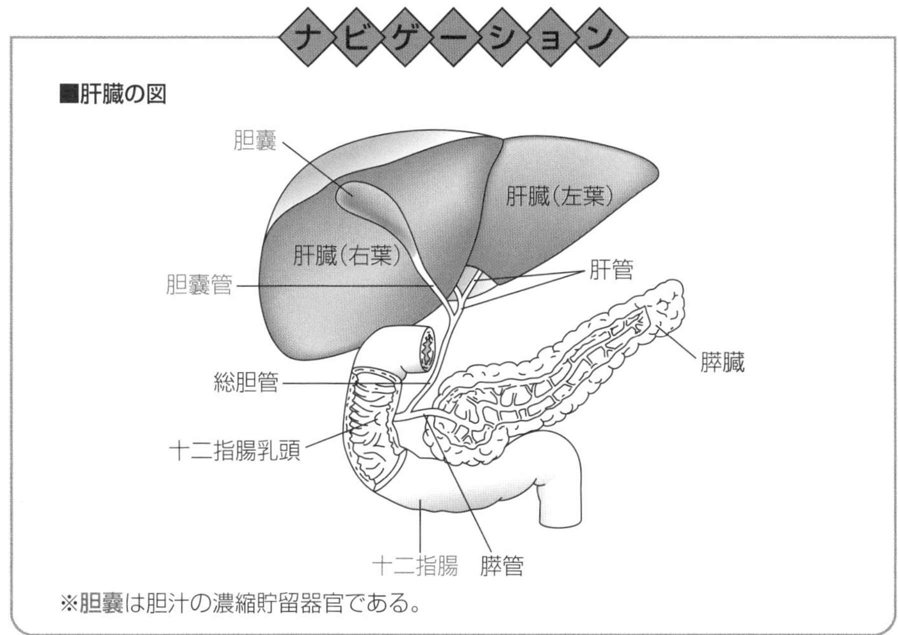

※胆嚢は胆汁の濃縮貯留器官である。

出題パターン

Q1 肝臓の機能として、誤っているものは次のうちどれか。

（1）ブドウ糖をグリコーゲンに変えて蓄える。
（2）余分な脂肪を分解して尿素にする。
（3）血液中の身体に有害な物質を分解する。
（4）胆汁を分泌し、脂肪の消化吸収を助ける。
（5）血液凝固物質や血液凝固阻止物質を生成する。

Q2 肝臓は、門脈血に含まれるブドウ糖をグリコーゲンに変えて蓄え、血液中のブドウ糖が不足すると、グリコーゲンをブドウ糖に分解して血液中に送り出す。

A1=（2）。蛋白質の代謝で、余分なアミノ酸や蛋白質を分解してできたアンモニアを尿素にする。

A2=○ 肝臓はグリコーゲンを合成、分解し、血糖量の調節に関与する。

4章 15

肝臓の障害 ここを押さえる

●血清トランスアミナーゼ（AST、ALT）

細胞内酵素であるAST（GOT）、ALT（GPT）が血中で増加した場合、肝臓障害、心筋梗塞、溶血などの診断の手がかりになる（近年の表記はAST、ALTが国際標準になりつつある）。

①AST（GOT）：アスパラギン酸アミノトランスフェラーゼの略で、アミノ酸を作り出す酵素。
数値が高いと肝疾患（肝硬変、肝臓がんなど）、心疾患（特に心筋梗塞）が疑われる。

②ALT（GPT）：アラニンアミノトランスフェラーゼの略で、ASTと同じくアミノ酸を作り出す酵素。
特に肝細胞の変性、壊死に反応し、数値が高いと、急性・慢性肝炎、肝硬変などが疑われる。

●γ-GTP

AST、ALTと同じく蛋白質を分解する酵素の1つ。

アルコールや薬剤などが肝細胞を破壊したときや、結石、がんなどで胆管が閉塞したときに、血中に出てくる。

肝臓や胆道に病気があると、他の酵素より早く異常値を示す。特にアルコール性肝障害の指標として有効である。

●肝臓病

肝臓病では肝細胞が次々に壊れていくが、かなり悪化するまで自覚症状は出にくい。このため肝臓は「沈黙の臓器」と呼ばれる。

①肝臓病の自覚症状
体がだるい、食欲がない、吐き気がする、尿の色が濃い、体が黄色になる、体が痒い、手のひらが赤い、腹が張る、かび臭い口臭がする、などがある。

②肝臓病の種類
原因で分類すると、ウイルス性、薬剤性、アルコール性、自己免疫性、先天性などに分けられる。病名で分類すると、肝炎、肝硬変、脂肪肝などがある。

③急性肝炎
慢性肝炎は通常6か月以上肝炎が続くのに対し、急性肝炎は突然起こり、多くの肝細胞が破壊される。その主な原因は肝炎ウイルスであり、日本で多い肝炎はB型とC型である。
B型肝炎はB型肝炎ウイルス（HBV）の感染で、C型肝炎はC型肝炎ウイルス（HCV）の感染により起こる。C型は慢性肝炎、肝硬変、肝がんになりやすく、B型は感染力が強いとされる。

※アルコール性肝障害：一般的に、飲酒の量と飲酒期間に比例して肝臓病の症状が進行する。

①AST、ALTが血中で増加した場合、肝臓障害、心筋梗塞、溶血などの診断の手がかりになる。
②γ-GTPはアルコールや薬剤などが肝細胞を破壊したときや、結石、がんなどで胆管が閉塞したときに、血中に出てくる。肝臓や胆道に病気があると他の酵素より早く異常値を示す。

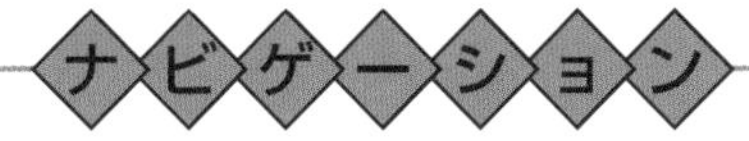

■肝炎ウイルスの種類

ウイルスの種類	感染経路	慢性化
A型肝炎ウイルス	食物や飲料水から	なし
B型肝炎ウイルス	血液や体液	子供では高率、大人ではまれ
C型肝炎ウイルス	血液や体液	70%が慢性化
D型肝炎ウイルス	血液や体液	あり
E型肝炎ウイルス	食物や飲料水から	なし
G型肝炎ウイルス	血液や体液	あり
TT型肝炎ウイルス	血液や体液	あり

※日本ではB型とC型の肝炎ウイルスが多い。

出題パターン

Q1 γ-GTPは、正常な肝細胞に含まれている酵素で、肝細胞が障害を受けると血液中に流れ出し、特にアルコールの摂取で高値を示す特徴がある。

Q2 肝臓は、コレステロールとリン脂質を合成し、また、余剰の蛋白質と糖質を中性脂肪に変換する。

Q3 肝臓では、アミノ酸から多くの血漿蛋白質が合成される。

A1=○ γ-GTPは肝臓の解毒作用に関係する酵素で、アルコールに敏感に反応する。

A2=○ 食物から吸収されたり脂肪細胞から血液中に放出された脂肪酸は、肝臓内で分解されエネルギーになるが、大部分は中性脂肪、リン脂質、糖脂質、コレステロールなどに合成される。

A3=○ アルブミンやフィブリノーゲンなど大部分の血漿蛋白質は、肝臓で合成される（P.160参照）。

心臓・循環 ここを押さえる

●心臓の仕組み

心筋の収縮と弛緩のポンプ作用で、血液を静脈から吸引し動脈に送り出すことにより全身に循環させている。

また、心臓弁膜（三尖弁(さんせんべん)）、肺動脈弁、僧帽弁、大動脈弁と四肢の静脈にある弁膜が逆流を防いでいる。

心臓の収縮と弛緩は、自律神経のうち交感神経が心筋に作用して心拍数と心拍出量を増大させ、副交感神経は心拍数を下げる。

①**心拍数**：年齢、運動状態、精神状態などで異なる。一般的に成人の安静時の心拍数は60～80回／分である。

②**脈拍**：体表近くの太い動脈が通る場所では、心臓の拍動が伝わった血管の拍動に触れられる。

手首の**橈骨(とうこつ)動脈**、**鎖骨の中央**、鼠径部(そけいぶ)等でも拍動に触れられる。

③**拍出量**：安静時１回の拍出量は約60～70mlであり、１分間におおよそ４～５Ｌの流量がある。運動時には１分間に15～20Lにもなる。

④**動脈・静脈**：心臓から出て行く血液が流れる血管が動脈で、心臓に戻る血液が流れる血管が静脈である。

肺動脈には静脈血、肺静脈には動脈血が流れる。

⑤**動脈血・静脈血**：肺でのガス交換により、酸素を多く含んだ新鮮な血液が動脈血、二酸化炭素と**組織老廃物**を多く含んだ血液が静脈血である。

●血液の循環

・**体循環**（大循環）：左心室→大動脈→全身の組織・器官の毛細血管→大静脈→右心房

・**肺循環**（小循環）：右心室→肺動脈→肺→毛細血管→肺静脈→左心房

●血圧

心筋が収縮して生じた圧力が血管内に伝わったもの。大動脈の中で最も高く、動脈の末梢に近づくにつれ低くなる。毛細血管、静脈ではさらに低くなる。

心室の収縮圧が最も高く、**最高血圧**という。心室が弛緩して圧力が動脈に加えられないときが**最低血圧**である。最高血圧と最低血圧の差を**脈圧**という。

※血圧測定：一般には上腕動脈の圧力を血圧計を用いて測定する。

●主な心臓病

心筋梗塞（心筋の酸素不足による発作性のショック状態）、狭心症、心筋症、弁膜症、不整脈、心内膜症、心不全（心機能低下により十分な血液を送り出せなくなった状態）。

①心臓から出て行くのが動脈（大動脈、肺動脈）。戻ってくるのが静脈（大静脈、肺静脈）。

②肺動脈には静脈血が流れ、肺静脈には動脈血が流れる。

③左心室→大動脈→身体各部→大静脈→右心房→右心室→肺動脈→肺→肺静脈→左心房→左心室

動脈血　静脈血　動脈血

ナビゲーション

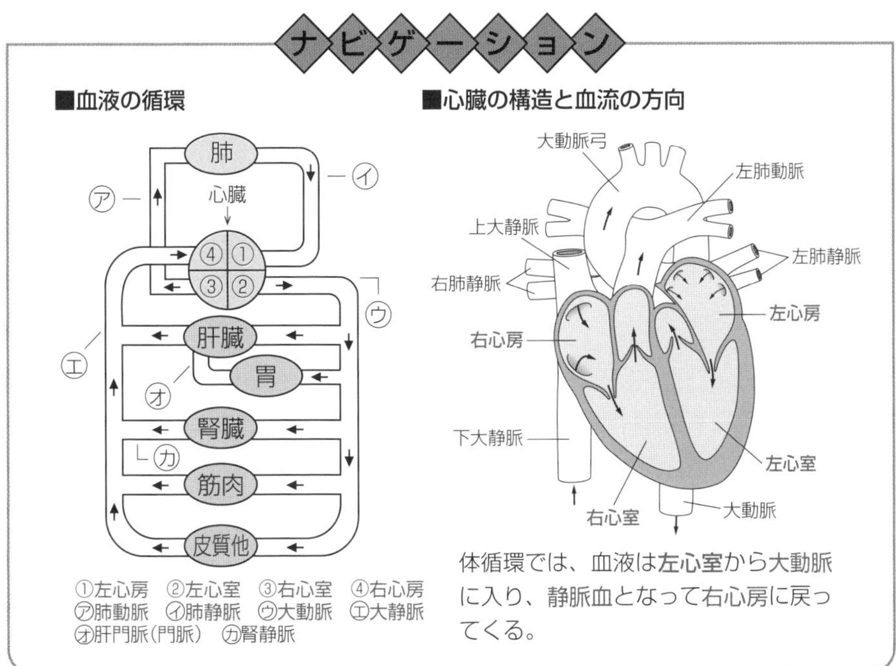

体循環では、血液は左心室から大動脈に入り、静脈血となって右心房に戻ってくる。

出題パターン

Q1 体循環では、血液は左心室から大動脈に入り、静脈血となって右心房に戻ってくる。

Q2 肺循環では、血液は右心室から肺静脈を経て肺の毛細血管に入り、肺動脈を通って左心房に戻ってくる。

Q3 肺を除く各組織の毛細血管を通過する血液の流れは、体循環の一部である。

A1=○ 体循環は、左心室→大動脈→全身の組織・器官の毛細血管→大静脈→右心房の流れである。

A2=× 肺循環は、右心室→肺動脈→肺の毛細血管→肺静脈→左心房の流れである。

A3=○ 血液循環には、肺を通る肺循環と、肺以外の体中をめぐる体循環とがある。

4章 17

血液1

赤血球・白血球・血小板 ここを押さえる

●血液の量と組織

血液は体重の約８％（体重の１/13～１/10）で、体重60kgの男性で約５Lである。

約45%が赤血球、白血球、血小板などの有形成分（**血球**）で、約55%が液体成分の血漿である。

●赤血球

①**形状**：無核の円盤状で両面中央が凹む。

②**大きさ**：直径約７～８μm

③**数**：１mm³中に男性500万個、女性450万個程度。血球の96%を占める。

④**寿命**：骨髄で作られ、古くなると肝臓、脾臓で壊される。寿命は約120日。

⑤**機能**：ヘモグロビン（血色素）が、酸素を組織に供給する。

血液が赤く見えるのはヘモグロビンのためである。ヘモグロビンは赤血球内で生産され、鉄分を含む蛋白質である。ヘモグロビンには身体中の約60%の鉄が含まれ、その鉄イオンに酸素を結合したり解離したりする性質を持つため、動脈血は鮮紅色、静脈血は暗赤色に見える。

また、ヘモグロビンは血液のpH（水素イオン濃度）の調節維持を行う。正常値は7.35～7.45とされ、体内恒常性に関与して弱アルカリ性の状態を保つ。

※**ヘマトクリット値**：血液の容積に対する赤血球の相対的容積である。成人の正常値は男性42～45%、女性40～42%で男女差がある。

●白血球

①**形状**：アメーバ様運動で有核。

②**大きさ**：直径５～20μm

③**数**：6,000～8,000個/mm³（男女差なし）

④**寿命**：骨髄、リンパ組織で作られ、古くなると脾臓、骨髄で壊される。寿命は３～４日。

⑤**機能**：貪食作用（細菌、異物）、解毒作用（異種蛋白の処理）、ヘパリン生成（血管内血液凝固の防止）、ヒスタミン生成（免疫反応）、免疫作用（抗体産生）

⑥**白血球の種類**：顆粒球と無顆粒球のリンパ球、単球がある。

リンパ球は免疫機構として、抗体を産生するB細胞と、標的を直接攻撃するT細胞がある（ナビ参照）。

⑦**免疫**：免疫は「自然免疫」と「獲得免疫」の２つに大別される。自然免疫は生まれつき人間の体に備わっている免疫で好中球やマクロファージなどが担う。獲得免疫は液性免疫（又は体液性免疫）と細胞性免疫の２種類がある。液性免疫は、リンパ球（B細胞）が産生する抗体が病原体やウイルスの**標的細胞を排除**する。細胞性免疫は、リンパ球（T細胞）などが直接、病原体など異物を攻撃する。体に免疫反応を起こすウイルスや異物を抗原と呼び、抗体はリンパ球が抗原を認識すると免疫反応を起こして作られる蛋白質、免疫グロブリンである。

●血小板

骨髄で作られ、脾臓で壊される。

①**止血作用**：血管が破れて出血すると、そこに集結して血栓を作り、傷口をふさいで出血を止める。

②**形状等**：正常値は12万～38万個/mm³、２～４μm、無核である。

①ヘマトクリット値とは血液中の赤血球が占める容積（赤血球の相対的容積）である。
②赤血球の寿命は約120日、白血球は３～４日である。
③白血球のリンパ球には免疫機構の役割があり、抗体を産生するＢ細胞と、標的を直接攻撃するＴ細胞がある。

■白血球の種類

分　類		機　能
顆粒	好中球	白血球内で５割以上を占める。異物を認識し、細菌などを貪食して分解する。
	好酸球	アレルギー疾患で増加し抑制する。殺菌作用がある。
	好塩基球	占有率が最も少ないが、含まれるヒスタミンが炎症部位の血管を拡張し、ヘパリンが血管内の血液凝固を抑え、好中球を援護。感染などに対して強く働く。
無顆粒	リンパ球	免疫作用の中心で、Ｔ細胞（Ｔリンパ球：免疫活性化と異物攻撃）とＢ細胞（Ｂリンパ球:抗体産生と細菌退治）がある。
	単球	マクロファージ（大食細胞）。抗体で覆われた病原体の食作用と殺菌作用。好中球より多くの細菌を貪食する。

出題パターン

Q1 赤血球の寿命は、約120日で、白血球の寿命に比べて長い。

Q2 白血球の一種であるリンパ球には、細菌や異物を認識し攻撃するＢリンパ球と抗体を産生するＴリンパ球などがあり、免疫反応に関与している。

Q3 血液の有形成分には、赤血球、白血球及び血小板があり、赤血球は酸素を体の各組織に供給し、白血球は体内への細菌や異物の侵入を防御し、血小板は止血の機能を有する。

A1=○ 赤血球の寿命は約120日、白血球の寿命は３～４日である。

A2=× リンパ球は免疫作用の中心で、Ｔ細胞（Ｔリンパ球は免疫活性化と異物攻撃）、Ｂ細胞（Ｂリンパ球は抗体産生と細菌退治）がある。

A3=○ 血液の有形成分のうち、赤血球は酸素を体の各組織に供給し、白血球は体内への細菌や異物の侵入を防御し、血小板は止血の機能を有する。

血漿・その他 ここを押さえる

●血漿（液体成分）

血液から血球を取り除いた液体部分。血液の55%を占め、その90%以上は水分である。蛋白質、糖質、脂質、電解質、無機質、酵素、ビタミン、ホルモンなどが溶解している。

①**生理作用**：浸透圧の維持、免疫抗体の産生、血液凝固、体液・体温調節、栄養素・老廃物・ホルモンの運搬、血圧の調節、pHの調節維持。

②**リンパ**：血漿が毛細血管壁からにじみ出た液体を間質液（組織液）といい、この一部がリンパ毛細管に入り、リンパ管を流れる液体をリンパという。

③**血漿蛋白質**：主に肝臓で合成される。

・**アルブミン**：浸透圧の維持、細胞活性化へ蛋白質を供給。

・**グロブリン（α、β、γ）**：免疫機能に関与し、γグロブリン（抗体）は免疫グロブリン（Ig）とも呼ばれる。

※浸透圧：圧力の低いところから高いところへ流れ、血液の流れる際の圧力の違いを調整、循環のバランスを保つ。

④**血清**：血漿からフィブリノーゲンを除いたもの。

⑤**血糖**：血中のブドウ糖（グルコース）で、正常値80～150mg/dl含まれる。

・**血糖上昇ホルモン**：成長ホルモン（下垂体前葉）、副腎皮質刺激ホルモン（副腎皮質）、アドレナリン（副腎髄質）、グルカゴン（ランゲルハンス島・α細胞）

・**血糖低下ホルモン**：インスリン（ランゲルハンス島・β細胞）

●血液の凝固反応

フィブリノーゲン（線維素原）が蛋白質分解酵素トロンビンによって、不溶性のフィブリン（線維素）に変化し血液を凝固させる。

※**血液の凝集反応**：赤血球にある**凝集原**と他人の血清中の**凝集素**が抗原抗体反応を起こし赤血球が寄り集まること。

赤血球のA型にはA抗原（凝集原A）、B型にはB抗原（凝集原B）があり、血清には赤血球と反応する抗体として、A型にはB抗原と反応する抗B抗体（凝集素B）、B型にはA抗原と反応する抗A抗体（凝集素A）がある。

●血液型

血清中に抗Aと抗Bの凝集素があり、赤血球中には凝集原A、Bがある。この性質により血液はA、B、AB、Oに分けられる。

血液型を決定する抗原はABO式血液型以外にも、Rh式血液型などがある。

フィブリノーゲン（線維素原）が不溶性のフィブリン（線維素）に変化し、血液を凝固させる。

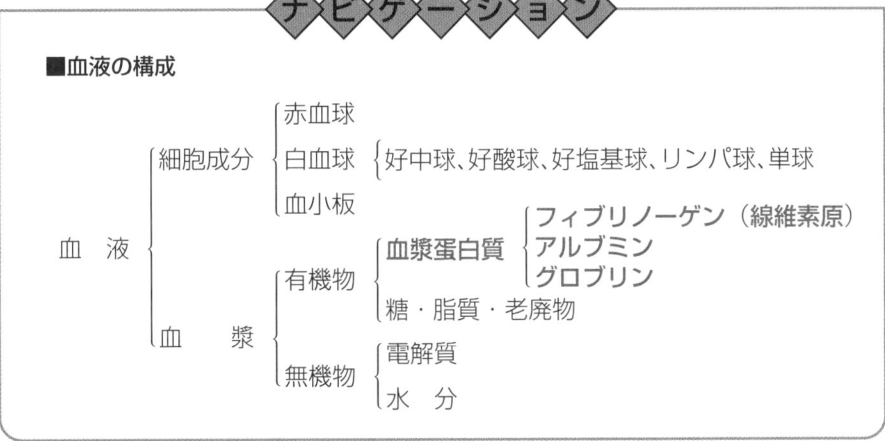

出題パターン

Q1 血液は、血漿と有形成分から成り、血液の容積の55%程度を占める血漿中には、アルブミン、グロブリンなどの蛋白質が含まれている。

Q2 血液の凝固は、血漿中のフィブリノーゲン（線維素原）がフィブリン（線維素）に変化する現象である。

Q3 ある人の血漿中のフィブリン（線維素）と別の人の血清中のフィブリノーゲン（線維素原）との間で生じる反応を血液の凝集という。

Q4 ＡＢＯ式血液型は、白血球による血液型分類の一つで、Ａ型血液の血清は抗Ａ抗体をもつ。

A1=○ 血液は、血漿と血球などの有形成分からなり、血漿中には、蛋白質、糖質、脂質、電解質、無機質、酵素、ビタミン、ホルモンなどが溶解している。

A2=○ 血液の凝固は、血漿中のフィブリノーゲン（線維素原）が、蛋白質分解酵素トロンビンによって分解され、不溶性のフィブリン（線維素）に変化する現象である。

A3=× 血液の凝集反応は、赤血球の凝集原と他人の血清中の凝集素が抗原抗体反応を起こし赤血球が寄り集まること。血液の凝固は**A2**参照。

A4=× ＡＢＯ式血液型は、赤血球による血液型分類で、Ａ型血液の血清は抗Ｂ抗体をもつ。

筋肉 ここを押さえる

●筋の種類

筋組織は筋線維の集まりであり、収縮によって運動を行う。骨格筋、平滑筋、心筋の3種類に分けられる。

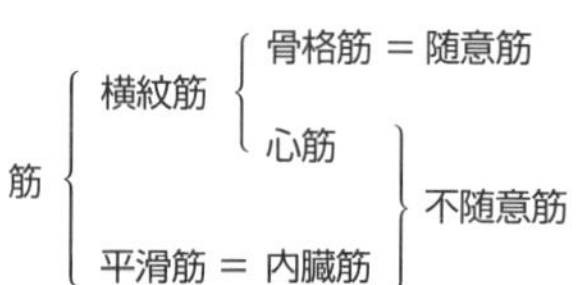

①形態的分類：横紋筋（骨格筋、心筋）、平滑筋（内臓筋）

②機能的分類

・随意筋：脳脊髄神経の支配を受ける骨格筋で、自分の意志でコントロールできる。

・不随意筋：自律神経の支配を受ける平滑筋、心筋（横紋筋）で、自分の意志ではコントロールできない。

③色の違いによる分類

・**白筋**（速筋）は速い収縮で疲労しやすい。

・**赤筋**（遅筋）は持続的な弱い収縮で疲労しにくい。

●収縮力（筋力）

収縮力は、筋肉の太さに比例し、収縮する瞬間に一番大きい作業能力を現す。

最大筋力は断面積1 cm^2当たり約6.5kgで性差、年齢差はほとんどない。

●筋収縮の種類

①動的収縮

・等張性収縮：ダンベル運動のように、一定の抵抗に対する筋の収縮で、動きのある運動になる。伸張性収縮と短縮性収縮がある。

　・**伸張性収縮**：筋が緊張しつつも筋が伸びる状態。

　・**短縮性収縮**：筋が短縮しながら力を発揮する状態。

・等速性収縮：関節の回転速度や作用を及ぼす部分の動く速さを規定し、そのとき発揮される力。

②静的収縮

・等尺性収縮：鉄棒にぶら下がるように、筋の長さは変わらず姿勢を保つ。

●筋疲労と原因

筋に反復刺激を与え続けると収縮力が徐々に減り、ついには収縮不能となる状態。原因として①過度の刺激、②グリコーゲンの欠乏がある。

※グリコーゲン：筋肉の収縮時に酸素の供給が不十分だと、水と二酸化炭素にまで分解されず乳酸が生成される。

●熱エネルギー源

筋線維の収縮は、アデノシン三リン酸（ATP）が二リン酸（ADP）に分解する際に生じるエネルギーによる。ATPが枯渇すると、グリコーゲンが水と二酸化炭素に分解されATPの合成を行う。

①直立、姿勢保持のとき、筋肉は等尺性収縮をしている。筋の長さは変わらない。
②心筋は骨格筋と同じ横紋筋であるが、不随意筋である。

ナビゲーション

■筋収縮の種類

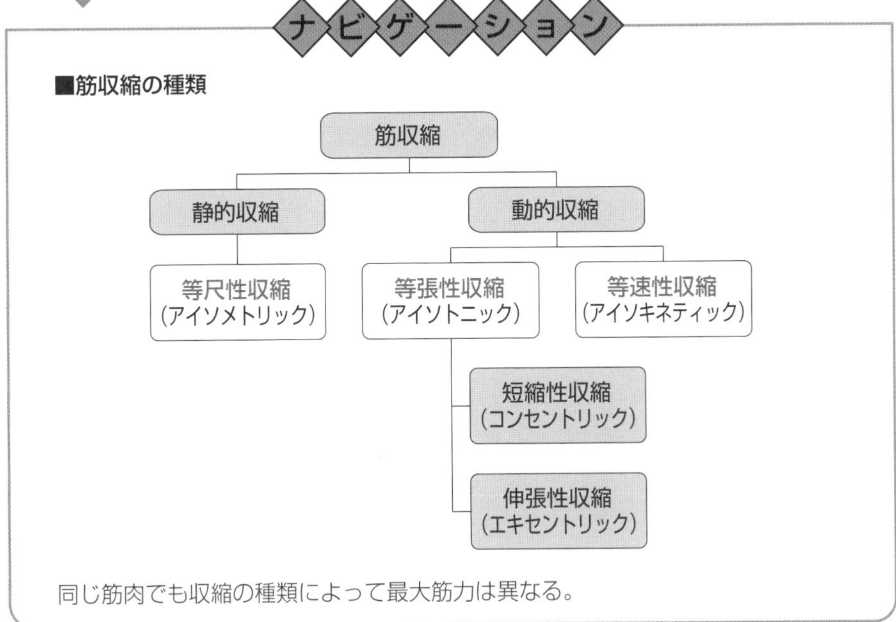

同じ筋肉でも収縮の種類によって最大筋力は異なる。

出題パターン

Q1 筋収縮には、グリコーゲン、リン酸化合物などのエネルギー源が必要で、特に、直接のエネルギーはATPの加水分解によってまかなわれる。

Q2 筋肉中のグリコーゲンは、筋肉の収縮時に酸素が不足していると、水と二酸化炭素にまで分解されず乳酸になる。

Q3 荷物を持ち上げたり、屈伸運動を行うときは、筋肉が長さを変えずに外力に抵抗して筋力を発生させる等尺性収縮が生じている。

A1=○ 筋収縮の直接のエネルギーは、筋肉中のATPが分解することによってまかなわれる。

A2=○ 筋肉中のグリコーゲンは酸素が十分に与えられると、完全に分解されて最後は水と二酸化炭素になる。乳酸ができるのは酸素が不十分なときである。

A3=× 荷物を持ち上げたり、屈伸運動を行うときは、筋肉の張力と負荷が釣り合いながら短縮したり伸張したりする状態で、等張性収縮という。等尺性収縮は筋肉がその長さを変えずに筋力を発生させている状態である。

体温（1）ここを押さえる

●体温

体温は身体内部の温度である。生体の温度は部位により多少異なり、個人差もある。肝臓、腎臓など臓器は温度が高く、皮膚は低い。

①**正常体温**：腋下（えきか）温36.5℃＜口腔温37.0℃＜直腸温37.5℃

②**日差変動**：正常な日差変動は1℃以内だが、早朝（午前4～6時）が最低で、午後（3～8時）が最高である。

42℃を超えると、生体の蛋白質は熱で凝固する性質があり、生命を維持することが難しくなる。

35℃以下を一般的に低体温という。32℃以下になると、熱産生が不十分で、意識の混濁や脈が激しくなるなど様々な症状が現れる。20℃で心臓が停止する。

●体温の発生

体温（熱）は、主に栄養素の酸化燃焼、分解などの化学的反応により産生される。

代謝が活発な骨格筋、肝臓は熱産生が多く、特に骨格筋の収縮による熱産生が多い。激しい運動によって、一時的に38.8℃近くまで体温が上がることもある。

腎臓、脾臓（ひぞう）、心臓、脳、内分泌腺なども熱の産生器官である。

また、寒さで震えるのは、筋肉を動かすことにより体熱を産生し、体温を上げようとするためである。

●体温調節

①**体温調節中枢**：間脳の視床下部にあり、温熱中枢と寒冷中枢で総合的にコントロールされ、体熱産生と体熱放散により行われる。

②**体熱産生**：温度が低いとき、代謝の亢進と骨格筋の活動が高まり、熱の産生を高める。

また、冷たい空気や液体に触れると皮膚の血管が収縮し、その血流量が減少したり、毛穴が閉じたりする（鳥肌が立つ）ことにより、放熱を防いでいる。

③**体熱放散**：体温が高いとき、放熱量を増やすために輻射、伝導、対流、蒸発が促進される。

- 輻射：**接触なし**に、体熱が熱線として、体表面から他の物質へ移動する。
- 伝導：**身体と接触**している物質への移動で、主に皮膚と気道に接している空気によって体温が放散する。
- 対流：**空気や液体の運動**により熱が移動する。皮膚に接する空気が加温されると対流が起こり、体温が放散する。
- 蒸発：**液体の蒸発**により熱が放散する。運動をしたときや真夏に汗をかくのは、発汗によって体熱を放散させようとするためである。なお、蒸発には、発汗と不感蒸泄（じょうせつ）（P.174参照）によるものがある。

①体温（熱）は、主に栄養素の酸化燃焼、分解などの化学的反応により産生される。
②体温調節中枢は間脳の視床下部にあり、温熱中枢と寒冷中枢で総合的にコントロールされ、体熱産生と体熱放散により行われる。
③冷たい空気や液体に触れると皮膚の血管が収縮し、その血流量が減少したり、毛穴が閉じたりする（鳥肌が立つ）ことにより、放熱を防いでいる。

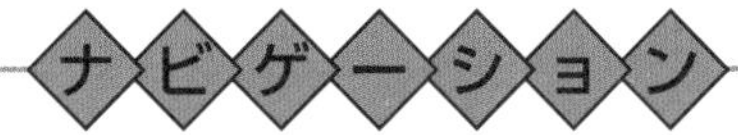

■体温の特徴

平熱＝36～36.5℃
女性＜男性
朝方＜夕方
冷静＜興奮
体温１℃上昇⇒代謝13%増加

一般に子供の方が大人より体温が高いことも特徴である。

出題パターン

Q1 体温調節中枢は、間脳の視床下部にある。
Q2 寒冷にさらされ体温が正常より低くなると、皮膚の血管が拡張して血流量を増し、皮膚温を上昇させる。
Q3 高温にさらされ体温が正常以上に上昇すると、内臓の血流量が増加し体内の代謝活動が亢(こう)進することにより、人体からの放熱が促進される。

A1=○ 体温調節中枢は、間脳の視床下部にあり体温を一定に保つように機能している。
A2=× 寒冷にさらされ、体温が正常以下になると、皮膚の血管が収縮して血流量を減らし放熱量を減らすので、皮膚温は下がる。また体内の代謝活動を高めて、熱の産生量を増やす。
A3=× 高温にさらされ、体温が正常以上に上昇すると、皮膚の血管が拡張し血流量を増やし発汗を促して、放熱量を増やす。また体内の代謝活動を抑制し、熱の産生量を減らす。

体温（2）ここを押さえる

●不感蒸泄（不感蒸発・不感蒸散）

不感蒸泄とは、本人が特に感じることもない状態で、皮膚面・口腔・気道等の粘膜から水分が常時蒸発していること（運動状態等の発汗をしていない状態）。その水分量は１日に800～1,000ml※である（皮膚から500～600ml、肺、気道から300～400ml）。

※過去の衛生管理者試験の問題の中では１日約850gとして扱われている。

水１mlの蒸発で、約0.58kcalの気化熱が奪われる。

１日の蒸発量を850mlとすると、850ml×0.58kcal＝493kcalとなり、１日約**500kcal**の熱量が失われていることになる。このほか呼吸では肺から、排尿では尿からも熱が失われる。

●ホメオスタシス（生体恒常性）

ストレスになる環境の変化に対して、生体を安定した恒常的状態に保とうとする仕組みをいう。体温調節のほか、病気や怪我などに対する自然治癒力もその一部である。自律神経系、免疫系、内分泌系（ホルモン）の相互作用によって維持されている。

●汗の成分

①液体成分：水分99％以上

②固形成分：塩化ナトリウム、尿素、尿酸、クレアチニン、アンモニア、乳酸、アミノ酸等

●発汗の種類

①**温熱性発汗**：外界の高温により、手のひら、足裏を除いて全身に発汗する。真夏の暑い日の温熱環境下では、特に運動をしなくても５～10Lもの汗をかく。

②**精神性発汗**：いわゆる「冷や汗」といわれ、**精神的緊張**により、手のひら、足裏、腋窩（えきか）、鼻翼（びよく）に発汗する。

③**味覚性発汗**：**酸味、辛味に対する反射**で、顔面、頭部に発汗する。

④**半側性発汗**：身体の片側が圧迫されると、圧迫側の発汗が抑圧され、**反対側の発汗**が促進される現象。

●体温調節

発汗では、**汗が蒸発する時の気化熱**で体温を下げている。水の気化熱は1ml（１g）につき約0.58kcal、人体の比熱（体重１kgを１℃高めるのに要する熱量）は約0.83である。

体温調節で体温を下げる時は、**体重70kgの人は**70×0.83=58.1kcalとなり、これは**水が100ml（100g）蒸発するときの気化熱にほぼ等しい熱量**となり、汗100ml**をかくと体温が**１℃下がることになる。

なお、人のほぼ全身にはエクリン腺という汗腺があり、頭皮に多く分布している。

①人は不感知でも、１日に約850mlの水分が身体から蒸発している。これを不感蒸泄又は不感蒸発という。

②ホメオスタシスとは、ストレスになりうる環境の変化に対して、生体を安定した恒常的状態に保とうとする仕組みであり、自律神経系、免疫系、内分泌系（ホルモン）の相互作用によって維持されている。

■エクリン腺の分布（参考）

エクリン腺が多い部位（個/cm^2）	
頭	約220前後
顔	約140前後
背中	約130前後
腕	約125前後
脚	約120前後

頭皮にはエクリン腺が多く分布しており、最も汗をかきやすい部位といえる。

出題パターン

Q1 体温調節のように、外部環境が変化しても身体内部の状態を一定に保つ生体の仕組みを同調性といい、筋肉と神経系により調整されている。

Q2 不感蒸泄(せつ)とは、水分が発汗により失われることをいう。

Q3 計算上、体重70kgの人の体表面から10ｇの汗が蒸発すると、体温が約１℃下がる。

A1=× 外部環境が変化しても生命を維持するために、体温調節をはじめ身体内部の状態を一定に保つ仕組みを生体恒常性（ホメオスタシス）という。自律神経による神経性調節とホルモンなどによる体液性調節により維持されている。

A2=× 不感蒸泄とは、常温安静時、発汗していない状態でも皮膚及び呼吸器から１日約800～1,000mlの水分の蒸発がみられることをいう。

A3=× 発汗による気化熱で体温は下がる。水の気化熱は1ml(1g)につき約0.58kcal、人体の比熱は約0.83とされる。体重70kgの人は70×0.83=58.1kcalとなり、これは水が100ml（100g）蒸発するのにほぼ等しい熱量となる。体温を１℃下げるためには、汗100gをかく必要がある。

代謝 ここを押さえる

●基礎代謝量（BMR）

生体が覚醒・横臥（おうが）、安静時に、生命維持のみに必要な**最低限のエネルギー**である。

目覚めている状態で生命を維持する心臓、呼吸、腎臓、体温や筋緊張の維持などのために必要な**最小限のエネルギー消費量**でもある。

性、**年齢**、体格などで異なるが、同性、同年齢であれば体表面積にほぼ比例する。1日当たり男性では1,400～1,600kcal、女性では1,200～1,400kcalである。

また、同じ体重でも、筋肉量が多く体脂肪率の低い人の方が基礎代謝量は高くなる。**安静時代謝量**は、座位における代謝量で、**基礎代謝量**の1.2倍になる。

●エネルギー代謝率（RMR）

作業の強度を表す、作業に要したエネルギー量の基礎代謝量（作業時間当たり）**に対する比率**である。

> エネルギー代謝率
> ＝（総代謝量－安静時代謝量）÷基礎代謝量

※安静時代謝量＝基礎代謝量×1.2

●物質の代謝

体外から摂り入れた物質を化学変化させて体組織の成分にすることや、不要な成分を他の物質に変えて体外に排出することを新陳代謝又は代謝という。

●炭水化物の代謝

炭水化物はブドウ糖（グルコース）として吸収され、グリコーゲンに合成されて肝細胞、筋肉に蓄えられる。

エネルギーが必要になると、グリコーゲンは再びブドウ糖に分解され、さらに二酸化炭素と水になるのに伴い、エネルギーが放出される。

外に排出される二酸化炭素と水のうち、ほとんどの水は腎臓から排出される。

●蛋白質の代謝

摂取された蛋白質はアミノ酸に分解されて、腸で吸収され肝臓に運ばれる。

肝臓で再び蛋白質に合成され、体組織構成材料などとなる。

また、体細胞が消耗し組織が分解する際、アンモニアができる。このアンモニアを肝臓で尿素、尿酸にし、尿として排出する。

●脂肪の代謝

脂肪は脂肪酸とグリセリンに分解されて吸収され、中性脂肪に合成されて皮下や筋肉組織の間に蓄積される。

必要に応じて分解され、エネルギー源となる。その分解産物は二酸化炭素と水である。

●呼吸商

一定時間中に体内で消費された酸素と排出された二酸化炭素の容積比で表される。

①基礎代謝量は、覚醒、横臥、安静時の値である。性、年齢、体格、人種などで異なるが、同性、同年齢であれば体表面積にほぼ比例する。
②エネルギー代謝率（RMR）とは、作業に要したエネルギー量の基礎代謝量に対する比率である。

■代謝の用語

キーワード	概　要
異　化	細胞に取り入れられた体脂肪やグリコーゲンなどが分解されて、必要なエネルギーを発生させ、ATPが生産されること。
同　化	体内に摂取した炭水化物や脂質等の栄養素は、消化・吸収・分解され、ATPに生成され、活動に必要なエネルギーとして蓄えられる。このようなエネルギーを用いて、蛋白質などの生体に必要な物質を合成すること。
代　謝	「同化」と「異化」とを併せて新陳代謝、又は単に「代謝」という。生体における代謝を「エネルギー代謝」という。
呼吸商	体内で栄養が分解され、エネルギーに変換されるまでに消費された酸素と排出された二酸化炭素の容積比をいう。

出題パターン

Q1 代謝において、細胞に取り入れられた体脂肪やグリコーゲンなどが分解されてエネルギーを発生し、ATPが生産されることを同化という。

Q2 基礎代謝は、心臓の拍動、呼吸運動、体温保持などに必要な代謝で、基礎代謝量は、覚醒、横臥、安静時の測定値で表される。

Q3 エネルギー代謝率は、一定時間中に体内で消費された酸素と排出された二酸化炭素の容積比で表される。

A1=× 代謝において、細胞に取り入れられた体脂肪やグリコーゲンなどが分解されてエネルギーを発生し、ATPが生産されることは同化ではなく異化という。

A2=○ 基礎代謝は生命維持に不可欠な最小限度の活動に必要な代謝である。安静、横臥、覚醒状態で測定する。

A3=× 設問文は、エネルギー代謝率の説明ではなく、呼吸商の説明で、労働の強度に応じて大きくなる。

睡眠（1）ここを押さえる

●睡眠の役割と構成

睡眠不足のときの不愉快な気分や意欲のなさは、大脳の機能が低下して、休息を要求していることを意味する。

睡眠は、大脳をうまく休ませ回復させる行為である。

また、生体は熟睡状態を利用して、自己の保守点検や成長を定期的に実行している。

健康な成人では、ノンレム睡眠とレム睡眠が約1.5時間の単位を作り、いくつかの単位がまとまって一夜の睡眠を構成している。

最初の２単位、つまり寝入りばなの約３時間の間に、質の良い眠り（深いノンレム睡眠）がまとまって出現する。以後は、浅いノンレム睡眠とレム睡眠の組み合わせとなる。

●ノンレム睡眠とレム睡眠

①ノンレム睡眠：大脳を休ませ回復させる眠り、いわゆる快い、安らかな眠りである。
居眠りのほとんどがノンレム睡眠だが、筋肉は動いており、眠りが深くなるにつれて、呼吸回数や脈拍は少なくなる。

②レム睡眠：身体は深く眠った状態でも、大脳は起きているような眠り。
「急速眼球運動」を伴う睡眠で、筋肉の緊張や反射活動が抑えられている状態。
通常は、呼吸や脈拍が増加し、血圧はノンレム睡眠時に比べて少し高くなる。

●生体の免疫増強

睡眠は免疫増強過程とも密接にかかわっている。生体がウイルスや細菌に感染すると、それらが体内で分解されて生じた物質が、生体防御反応を誘発するとともに、発熱とノンレム睡眠を誘発する。

●深部体温の変化

１日の体温変化（深部体温）は、明け方に最も低く、日中に上昇し、夕方にかけてピークを迎え、また下がっていくというカーブを描く。人間は体温が下がり始めると代謝が不活性化して眠くなる。

●睡眠と体内時計

睡眠中には、代謝などにかかわるメラトニンやコルチゾール、成長ホルモンが体内で分泌されている。この中で、メラトニンは、血圧や脈拍を下げ、睡眠を安定させる作用とサーカディアンリズムを調整する働きがある。

これらの分泌リズムをコントロールしているのが体内時計で、人が本来持つ体内時計の25時間を１日周期の24時間へと修正するサーカディアンリズムがある。人工的な夜の光などによる体内時計の乱れが続くと、睡眠障害などが起きたりする。

①１日の体温変化（深部体温）は、明け方に最も低く、日中に上昇し、夕方にかけてピークを迎え、また下がっていくというカーブを描く。
②人間は体温が下がり始めると、代謝が不活性化して眠くなる。

ナビゲーション

■レム睡眠・ノンレム睡眠の周期

約1.5時間単位のまとまりとなっている。起床時間が**レム睡眠時**に重なると比較的気分良く目覚められる。

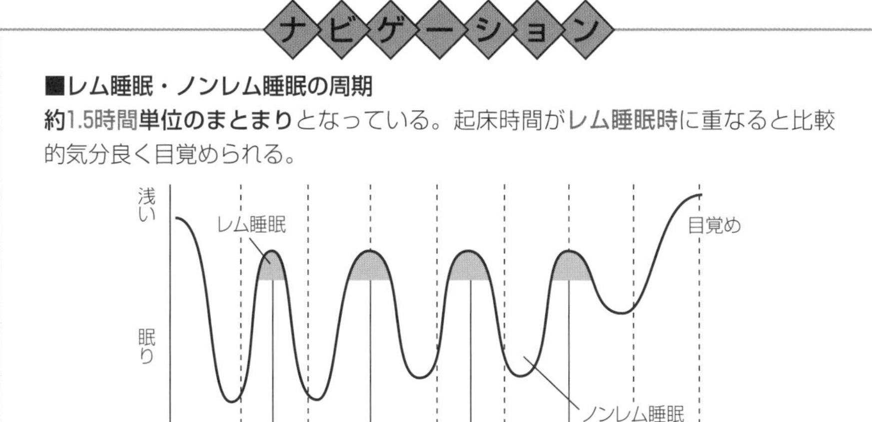

出題パターン

Q1 体内時計の周期は、一般に、約25時間であり、外界の24時間周期に同調して、約１時間のずれが修正される。

Q2 基礎代謝量は、生命活動を維持するために必要な最小限のエネルギー量で、睡眠中の測定値で表される。

Q3 レム睡眠は、安らかな眠りのことで、この間の脳は休んだ状態となっている。

A1=○ 体内時計は、外界の24時間周期に同調して修正される。この24時間周期のリズムを「サーカディアンリズム」という。

A2=× 基礎代謝量は、生命活動を維持するために必要な最小限のエネルギー量で、安静・横臥・覚醒状態で計測する（P.176参照）。

A3=× レム睡眠は、深い眠りだが大脳は起きている状態となる。

睡眠（2）ここを押さえる

●睡眠と自律神経

睡眠にかかわる自律神経は、交感神経と副交感神経からなり、生体の機能をコントロールしている（ナビ参照）。

一般的に、交感神経が働いているときは昼間の時間帯で、体が活動状態にあるときである。

副交感神経が働いているときは、夜間の時間帯など体がリラックスして休息・睡眠状態のときである。

自律神経の「バランスが崩れる」とは、交感神経と副交感神経のいずれかが偏って活発になる状態で、ストレスなどによる交感神経の優位が続いたりしたときである。このバランスの乱れを解消するのが「快い眠り」となる。

快い眠りを取ると、副交感神経が優位になり、内臓の働きが改善する。また、血液の循環が促され、ホルモンの分泌も良好になることにつながる。

●睡眠の質の低下

どんなに多くの睡眠時間を取っても疲れが取れないといったことがある。これは、「眠りの質」の低下に原因する。

①生活リズムの乱れ、②ストレスの蓄積、③運動不足、④刺激による興奮が続く、⑤冷え性、などが原因とされている。

●眠りの質の改善

「眠りの質」の改善には、以下の方法がある。

①生活リズムの改善には、体内時計である「サーカディアンリズム」をリセットする、②ストレス発散方法を作る、③適度な運動を行う、④集中的な作業や娯楽などに適度な休息時間を取る、⑤就寝直前の過食はしないなど食事の改善と入浴や血流を良くする運動などを行う、といったことが大切である。

一般的な勤務形態の場合、交替制勤務等で夜間に働き、昼間に睡眠すると、入眠までの時間が長く、生活リズムの乱れにより、睡眠不足になりやすい。

●睡眠の個人差

短眠者（おおむね6時間以下）と長眠者（おおむね9時間以上）との差は、「睡眠の質」の違いである。

短眠者は睡眠効率が良く、深い**ノンレム睡眠**の割合が多い。

長眠者は浅いノンレム睡眠、レム睡眠、中途覚醒の割合が多い。

●睡眠の男女差

睡眠の質と量は年齢に大きく依存する。

女性の眠気では、卵胞ホルモンが抑制、黄体ホルモンが促進の効果を及ぼす。

睡眠時の呼吸機能は男性が弱く、睡眠の質的内容は男性の方がはるかに劣る。

※**睡眠時無呼吸症候群**（SAS：Sleep Apnea Syndrome）：一晩（7時間）の睡眠中に10秒以上の無呼吸が30回以上起こる状態、又は、睡眠1時間当たりの無呼吸数や低呼吸数が5回以上起こる状態。

①交感神経が働いているのは昼間の時間帯で、体が活動状態のときである。
②副交感神経が働いているのは、夜間の時間帯など体がリラックスして休息・睡眠状態のときである。

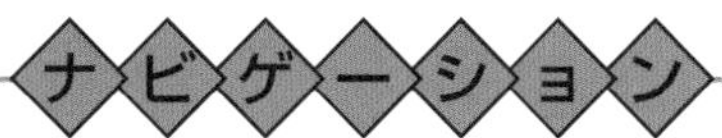

■自律神経機能と反応

副交感神経（睡眠時等）		交感神経（活動時）
減少する	心拍数	増加する
収縮が弱くなる	心筋	収縮が大きく血流が多い
弛緩して血圧は下がる	血圧	収縮して血圧が上がる
消化などで活発に動く	胃腸運動	動きが減少する
静まり催眠状態	脳・神経	興奮状態
入眠・睡眠、休息、食事等	神経の状況	活動・運動、仕事等

■体内時計

24時間周期に修正されてリズムを刻む体内時計は、日中は無意識に体と心が活動状態に、夜間は休息状態に切り替わる。脳の松果体から分泌されるメラトニンは、体内時計に働きかけることで覚醒と睡眠を切り替え、眠りを誘う作用がある。

出題パターン

Q1 夜間に働いた後の昼間に睡眠する場合は、一般に、就寝から入眠までの時間が長くなり、睡眠時間が短縮し、睡眠の質も低下する。

Q2 睡眠と食事は深く関係しているため、就寝直前の過食は、肥満のほか不眠を招くことになる。

Q3 松果体から分泌されるメラトニンは、夜間に分泌が上昇するホルモンで、睡眠と覚醒のリズムの調節に関与している。

A1=○ 夜間労働後の昼間の睡眠は、入眠までの時間が長くなり、睡眠時間が短くなり睡眠の質も低下する。

A2=○ 就寝直前の過食は肥満だけではなく、内臓に負担がかかり不眠を招く。

A3=○ メラトニンは脳の松果体から分泌されるホルモンで、夜間に分泌が上昇する。睡眠と覚醒のリズムの調節に関与し、睡眠促進作用、外界の24時間周期に体内時計を同調させる作用があると考えられている（P.178参照）。

4章 25

疲労（1）ここを押さえる

●労働による疲労の原因

疲労とは、身体や精神に「負荷」が加わり、作業効率や活動が低下した状態をいう。

産業疲労では、長時間の時間外労働が、疲労の蓄積をもたらすとされている。これには、脳疾患や虚血性心疾患との関連性が深いという医学的な指摘もある。

また、騒音や照明、高温多湿などの作業環境によるもの、人間関係などの環境によるもの、労働意欲の低下など内的環境によるものなどがある。

●疲労の種類

近年、労働の質的内容の変化から生ずる静的疲労、精神的疲労、局所疲労の改善が課題となっている。

①**動的疲労**：身体の動作によって生じるもの。

②**静的疲労**：OA、事務など一定の作業姿勢保持で行う長時間作業によるもの。

③**身体的疲労**：肉体を使うことが多い作業によるもの。

④**精神的疲労**：感覚器への刺激や長時間会議など精神的集中が高い作業によるもの。

⑤**全身疲労**：全身を使う作業によるもの。

⑥**局所疲労**：目や手、腰など体の一部だけを使うことでその部位に生ずるもの。

●疲労の違い

現在はIT化の進歩などで、休養により回復することが可能な動的疲労や全身疲労は少なくなっている。

一方で、情報機器作業などによる静的疲労では、休養で回復する場合もあるが、過度の場合は視覚障害、筋骨格障害などが持続することがある。

精神的疲労は心理的な疲れが蓄積されるもので不快感などを伴う。身体的疲労を伴うことも多いが、最近では、その比重が大きいことが問題となっている。

局所疲労も情報機器作業の場合、長時間ディスプレイを眺めることで、視覚的な障害や筋骨格系に影響を与えるとされている。

●疲労の予防と回復

疲労の予防と回復には、休養・休息、睡眠、栄養が大事な要素である。

しかし、情報機器作業など単一作業では、静的疲労・精神的疲労・局所疲労が重なり合い生じることが多い。

事業者及び労働者は、①産業医の面接相談、②休憩時の体操、③適切な作業姿勢、④作業速度・労働時間などの対応・工夫をすることが大事である。

①疲労の種類では、従来の動的疲労、身体的疲労、全身疲労よりも、静的疲労、精神的疲労、局所疲労が職場の課題となっている。
②局所疲労では、長時間の情報機器作業は視覚的な障害や筋骨格系に大きな影響を与えるとされている。

■疲労検査の主な種類（参考）

フリッカーテスト	光の点滅（フリッカー）を行い、断続する光が連続する光に見えるようになる閾値(いきち)を調べる。**フリッカー値が小さいほど疲労度が高い。**
二点弁別閾検査	体表面上の2点に機械的刺激を与えたとき、識別できる最小の距離を二点弁別閾といい、**感覚神経の機能**を調べる方法。
心拍変動（HRV）解析	疲労度の進行に応じた**自律神経の機能（変動）**を調べる方法で、疲労の自覚的症状や他覚的症状を捉える。
クレペリン検査	作業量、作業により生じる**気分の変化、休憩の効果、気持ちなど作業曲線から判断**できる。
集中維持機能（TAF）検査	肉体労働や筋疲労、精神的疲労において、負荷労働量に対する**集中力・作業能力の低下など集中維持機能（TAF）の変容**を調べる。
二重課題法	**2つ以上の作業を同時に行う**ことで、**注意力の分散や作業効率への影響**など、同時処理能力を評価する。

※厚生労働省「労働者の疲労蓄積度自己診断チェックリスト」：労働者の仕事による疲労蓄積を自覚症状と勤務の状況から判定する。

出題パターン

Q1 近年の職場では、長時間の同一姿勢保持に伴う静的疲労、身体の一部だけの局所疲労、精神的な活動による精神的疲労などが課題となっている。

Q2 疲労を自覚的に測定するには、厚生労働省が公開している「労働者の疲労蓄積度自己診断チェックリスト」などの調査票が用いられる。

Q3 産業疲労は、生体に対する労働負荷が大きすぎることにより引き起こされ、その回復や蓄積には、仕事だけでなく日常生活もかかわっている。

A1=○ 近年の職場では、静的疲労、局所疲労、精神的疲労が課題となっている。

A2=○ 疲労の自覚症状を客観的に捉える「自己診断チェックリスト」は有効な調査である。

A3=○ 産業疲労は、労働負荷が大きすぎると引き起こされるが、疲労回復に有効といわれているものには、睡眠、入浴、体操などがあり日常生活もかかわってくる。

疲労（2）ここを押さえる

●疲労の検査と評価

疲労の検査は、作業の性格により異なるが、筋電図や心拍数、眼球運動記録、フリッカーテスト、二点弁別閾（べんべついき）検査、クレペリン検査、二重課題法によるスペア能力の変化測定などで検査、評価する(P.183参照)。

①**静的筋作業**：筋出力の記録。筋疲労感、筋痛の自覚時点の記録（筋疲労感を段階評定できる）などの検査で評価できる。

②**動的筋作業**：同内容の作業であれば呼吸循環系などの定常状態の乱れ、複合した作業であれば回復の遅れに焦点を合わせて測定する。
定常状態の乱れと回復遅れを見るには、心拍数記録の応用範囲が最も広く有用である。
疲労感は静的筋作業のときほど鮮明ではないので、心拍数記録を中心にして他の項目で補強して疲労性変化の出現を調べる。

③**機器操作・技能作業**：筋作業だけの場合とは違って操作や作業サイクルの乱れ、ミスなどの他覚的変化に焦点を合わせて観測する。

④**監視作業・検査作業**：作業量や作業サイクルを手がかりにしにくいので、緊張持続のための注意状態とその乱れ、ミスを捉えることが主眼となる。
特に参考になるのが疲労感と認知能力の低下、それに注意配分状態が長続きしなくなることを示す変化である。

●疲労の効果的回復

静的筋作業による疲労や精神的疲労の回復には、適度な運動による気分転換が、安静状態の休息よりも効果が高い。

その他、体力増強のトレーニングや、栄養素の摂取、音楽を聴くなどの趣味、睡眠などが効果的である。

●慢性疲労症候群

慢性疲労症候群とは、感染症や化学的、生物学的、社会心理的なストレスが誘因となって引き起こされた神経、内分泌、免疫系の変調に基づく病態であり、免疫物質の異常が引き起こす脳、神経系の機能障害であるととらえられる（ナビ参照）。

慢性疲労症候群とする最低要件として、他の病気による症状ではないこと、6か月以上にわたる症状の持続などが挙げられ、厚生労働省の診断基準により診断される。

●慢性疲労症候群の症状

突然、原因不明の次のような症状が起こる。全身倦怠感、激しい疲労感、微熱、リンパ腺の腫れや痛み、頭痛、喉の腫れや痛み、関節痛、筋力低下、思考力・集中力の低下、脱力感、精神・神経症状等の症状。

①疲労の検査は、作業の性格により異なるが、筋電図や心拍数、眼球運動記録、フリッカーテスト、二点弁別閾検査、クレペリン検査、二重課題法によるスペア能力の変化測定などで検査、評価する。
②静的筋作業による疲労や精神的疲労の回復のためには、適度な運動を伴う気分転換が効果的であり、安静状態の休息よりも効果が高い。

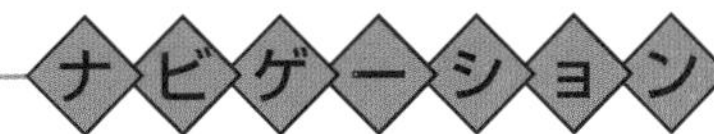

■慢性疲労症候群：疲労感が最低6か月続くものをいう。

原　因	症　状	治療（特に有効な治療法はない）	
感染症、ストレス、疾患（腫瘍、心臓疾患、甲状腺疾患など）、免疫系の変調	全身倦怠感、微熱、頭痛、脱力感、思考力の低下、精神・神経症状	薬物療法 ・抗ウイルス剤 ・免疫グロブリン ・免疫調節剤 ・ビタミン剤	カウンセリング 病気に対する不安から精神的ストレスを強めることもあるため不安を和らげる

出題パターン

Q1 疲労を生理学的に測定するには、自律神経の機能を調べる心拍変動（HRV）解析などや感覚神経の機能を調べる二点弁別閾（いき）検査などが用いられる。

Q2 疲労の自覚的症状や他覚的症状を捉えるために用いられる方法として、BMI測定により健康状態を調べる方法がある。

A1=○ 心拍変動解析は、自律神経の機能が変化し不安定になっていく疲労度の指標の1つとなる。また疲れてくると刺激に対する反応が鈍くなる。皮膚上に加えられた2つの刺激を識別できる最短距離が長くなるのを検査するのが二点弁別閾検査である。

A2=× 身長と体重の関係をみる肥満指数BMIは、疲労には関係がない。

ストレス ここを押さえる

●ストレスとは

ストレスとは、多くの場合、日常生活で不安や悩み、病気などの心理的・肉体的な負担を感じること、あるいは対人関係や仕事に関してうまくいかない、といった「外的な要因で刺激を受けて緊張状態になる」ことで、簡単に言えば、「刺激に対する反応」である。

そのストレス状態を引き起こす要因をストレッサー（精神的緊張要因）という。

●ストレッサーの種類

①**物理的ストレッサー**：高温や低温による刺激、放射線や騒音による刺激など。

②**化学的ストレッサー**：酸素の欠乏・過剰、薬害、栄養不足など。

③**生物的ストレッサー**：病原菌の侵入など。

④**精神的ストレッサー**：人間関係トラブル、仕事上での環境変化（昇格、転勤、配置転換、夜勤、長時間通勤など精神的な苦痛・緊張）、騒音、匂い、怒り、不安など。環境によるストレスと肉体的要因によるストレスがある。

●ストレスホルモン

ストレスを感じることで分泌されるホルモンとして、副腎皮質から分泌されるコルチゾールや副腎髄質から分泌されるアドレナリン、ノルアドレナリンなどがある。

コルチゾールは、血糖値の増加や過度のストレスに反応し、ストレスホルモンとも呼ばれる。

また、アドレナリンは、筋活動の円滑な動き、ノルアドレナリンは血圧上昇などに関与する。

●ストレスにより起こりやすい病気

ストレッサーによる刺激が度を超すと、自律神経系の失調をきたす。

ホメオスタシス（生体恒常性）の維持ができなくなり、心拍の増加、血圧の上昇、筋肉の緊張などの変化が現れる。この状態が続くと病気にもかかりやすくなる。高血圧症、神経性胃炎、胃・十二指腸潰瘍、自律神経失調症、心臓神経症、狭心症、円形脱毛症、ノイローゼ、双極性障害（そううつ病）等が起こりやすい。

●ストレスチェック制度の導入

安衛法では、事業者に業務上のストレスチェックの実施を義務付けている。

この制度は、事業者に労働者のストレス状況を１年以内ごとに１回検査することを義務付けたものである。

検査結果に基づき、高ストレス者と評価された者は、事業者に申し出て医師による面接指導を受ける。事業者は、面接指導の結果により、ストレスによるうつ病など精神的な疾患を早期に発見し、就業上の適切な措置を講じて、職場環境の改善を図る必要がある。

①刺激に対する反応を引き起こす要因をストレッサーという。
②人間関係トラブル、仕事上での環境変化（昇格、転勤、配置転換、夜勤、長時間通勤など精神的な苦痛・緊張）などもストレッサーとなる。
③ストレスを感じることで分泌されるホルモンには、副腎皮質から分泌されるコルチゾールや副腎髄質から分泌されるアドレナリンなどがある。

■ストレスの要因

精神的要因	身体的要因	環境的（物理的、化学的）要因
人間関係（職場、家庭） 自身の能力に対する不安 将来に対する不安 長時間の緊張	病気や怪我 痛みや発熱 睡眠不足 慢性疲労	騒音 温熱環境の変化 気象の変化 空気汚染など

出題パターン

Q1 ストレスにより、自律神経系や内分泌系によるホメオスタシスの維持ができなくなり、心身の健康障害が発生することがある。
Q2 典型的なストレス反応として、副腎皮質ホルモンの分泌の亢進がある。
Q3 ストレスにより、高血圧症、狭心症、十二指腸潰瘍などの疾患を招くことがある。

A1=○ 自律神経系と内分泌系を介して心身の活動に緊張を与え、ホメオスタシス（人間の体を安定した恒常的状態に保とうとする仕組みで「生体恒常性」ともいわれる）の維持ができなくなり、心身の健康障害が発生することがある。
A2=○ 副腎皮質ホルモンとアドレナリンは人体がストレスに対して反応する際に放出される主なホルモンである。
A3=○ ストレスがかかると交感神経が優位になり、緊張状態になる。これが日常的になると、自律神経系の障害が生じ、高血圧症・狭心症・十二指腸潰瘍などの疾患を招くことがある。

〈さくいん〉

■こ■

■さ■

■し■

■す■

■せ■

本書に関する正誤等の最新情報は、下記のアドレスでご確認ください。
http://www.s-henshu.info/2eksr2310/

上記掲載以外の箇所で正誤についてお気づきの場合は、**書名・発行日**・質問事項（**該当ページ・行数・問題番号**などと**誤りだと思う理由**）・**氏名・連絡先**を明記のうえ、お問い合わせください。

・webからのお問い合わせ：上記アドレス内【正誤情報】へ
・郵便またはFAXでのお問い合わせ：下記住所またはFAX番号へ

※電話でのお問い合わせはお受けできません。

［宛先］　コンデックス情報研究所
『第２種衛生管理者　集中レッスン'24年版』係
住　所：〒359-0042　所沢市並木３－１－９
ＦＡＸ番号：04-2995-4362（10:00 ～ 17:00　土日祝日を除く）

※**本書の正誤以外に関するご質問にはお答えいたしかねます。**また、受験指導などは行っておりません。
※ご質問の受付期限は、2024年12月までの試験日の10日前必着といたします。
※回答日時の指定はできません。また、ご質問の内容によっては回答まで10日前後お時間をいただく場合があります。
あらかじめご了承ください。

編著：コンデックス情報研究所
1990年６月設立。法律・福祉・技術・教育分野において、書籍の企画・執筆・編集、大学及び通信教育機関との共同教材開発を行っている研究者、実務家、編集者のグループ。

第2種衛生管理者集中レッスン '24年版

2024年１月20日発行

編　著　コンデックス情報研究所
発行者　深見公子
発行所　成美堂出版
〒162-8445　東京都新宿区新小川町1-7
電話(03)5206-8151 FAX(03)5206-8159
印　刷　広研印刷株式会社

ISBN978-4-415-23779-4
落丁･乱丁などの不良本はお取り替えします
定価はカバーに表示してあります